AF502284

TABLEAU
DES
AVOCATS
AU PARLEMENT,

Leurs Demeures, & leurs Bancs au Palais;

AVEC DEUX TABLES,

La premiere, par ordre de Colonnes, page 43;

La seconde, par ordre alphabétique des Noms, page 81, à la suite des Réglemens:

Mis au Greffe de la Cour, par Me. LAURENT-JEAN BABILLE, ancien Avocat, & Bâtonnier, le 10 Mai 1782.

A PARIS,

CHEZ P. M. DELAGUETTE, Libraire-Imprimeur, rue de la Vieille-Draperie.

M. DCC. LXXXII.

AVERTISSEMENT.

LA Grand'Salle du Palais ſe diviſe en douze Bancs.

Le premier Banc du côté de la Chapelle, ſe nomme le Pilier des Conſultations.

Le ſecond, la Prudence.

Le troiſiéme, *l'*L couronnée.

Le quatriéme, *l'*Epée herminée.

Le cinquiéme, le Saint-Eſprit, & le Soleil d'or.

Le ſixiéme, la Bonne-Foi.

Le ſeptiéme, Saint François & *l'*Annonciation.

Le huitiéme commence à la Porte de la Grand'Salle, vis-à-vis le Pilier des Conſultations, & finit à la premiere Arcade qui communique à la Salle Dauphine.

Le neuviéme, le Lion d'Or & l'Envie.

Le dixiéme, la Providence.

Le onziéme, l'Ecu de France & la Palme.

Le douziéme, Sainte Véronique, *près la Grand'Chambre jusqu'à la Chapelle.*

Na. Qu'à chaque nom d'Avocat, après le lieu de sa demeure, est mis un chiffre & un *c*, pour indiquer sa *Colonne*, & un autre chiffre avec un *b*, pour indiquer le Banc, qui ne sert que d'adresse pour trouver l'Avocat au Palais.

MM. les Avocats qui donneront quelque Ouvrage au Public, sont priés d'en faire remettre un Exemplaire à la Bibliothéque léguée par M. DE RIPARFOND.

On prie aussi MM. les Avocats d'y envoyer un Exemplaire de leurs Mémoires & Factums dans les affaires intéressantes, & sur les questions de Droit.

TABLEAU
DES
AVOCATS
AU PARLEMENT.

Leurs Demeures, & leurs Bancs au Palais;

AVEC DEUX TABLES,

La premiere, par ordre de Colonnes, page 43;

La seconde, par ordre alphabétique des Noms, page 81, à la suite des Réglemens:

Mis au Greffe de la Cour, par Me. LAURENT-JEAN BABILLE, *ancien Avocat, & Bâtonnier, le* 10 *Mai* 1782;

MAITRES

Pilier des Consultations, premier Banc.

JACQUES-FRANÇOIS-ANTOINE COLOMBEAU, *Doyen*, 17 *Juillet* 1714, *rue Gist-le-Cœur, vis-à-vis la rue de l'Hirondelle*, 1 c. 3 b.

Antoine Regnard, 11 *Décembre* 1719, *rue du Cimetiere Saint André*, 2 c. 9 b.

Albert-Laurent Beaſſe de la Broſſe, 12 *Décembre* 1720, *rue Royale, place de Louis XV*, 3 c. 10 b.

Pilier des Consultations, premier Banc.

Jean-Baptiste Forestier, 7 *Janvier* 1721, *rue Guénégaud, près la rue Mazarine*, 4 *c.* 10 *b.*

Henry-Isaac Estienne, ancien Bâtonnier, 21 *Juillet* 1721, *rue du Plâtre Ste Avoye*, 5 *c.* 10 *b.*

François le Prestre de la Motte, ancien Bâtonnier, 29 *Juillet* 1721, *rue de la Harpe, près le Collége d'Harcourt*, 6 *c.* 5 *b.*

Jacques-Florimond Dieres, 4 *Août* 1721, *vieille rue du Temple, vis-à-vis le Cul-de-Sac d'Argenson*, 7 *c.* 11 *b.*

Jean-Baptiste Boys de Maisonneuve, ancien Bâtonnier, 27 *Août* 1723, *rue de Biévre*, 8 *c.* 12 *b.*

Michel-Jean-Baptiste de Belly de Bussy, 10 *Juillet* 1724, *rue Beautreillis*, 9 *c.* 11 *b.*

Jean-François Bouju, 4 *Septembre* 1724, *Cloître S. Germain l'Auxerrois*, 10 *c.* 10 *b.*

Joseph Masson, 12 *Juillet* 1725, *rue Geoffroy-l'Angevin*, 1 *c.* 10 *b.*

Nicolas Delambon, ancien Bâtonnier, 28 *Août* 1725, *rue S. Jacques, près les Mathurins*, 2 *c.* 10 *b.*

Jean-Didier des Moulins, 3 *Décembre* 1726, *rue des Blancs-Manteaux, au coin de celle de l'Homme-Armé*, 3 *c.* 7 *b.*

Pierre Caillet, 3 *Mars* 1727, *rue & près Saint Sauveur*, 5 *c.* 10 *b.*

Antoine Terrasson, 13 *Mars* 1727, *rue Serpente*, 6 *c.* 11 *b.*

Antoine-Gaspard Boucher d'Argis, 3 *Juillet* 1727, *quai de la Tournelle, Hôtel de Nesmond*, 7 *c.* 5 *b.*

Jean-Henri Marchand, *5 Février* 1728, *rue Michel-le-Comte, près l'Hôtel de Halwil, 8 c. 2 b.*

Nicolas de Mouchy de Sachy, 19 *Juillet* 1728, *rue Saint Louis, près la rue Regratiere, 9 c. 5 b.*

Pierre-Philippe Gobillon, 29 *Juillet* 1728, *rue de Sorbonne, 10 c. 4 b.*

Jacques-Pierre Cotton du Verger, 31 *Août* 1728, *Cour Canoniale de Saint Victor, 1 c. 3 b.*

Pierre Taillandier, 11 *Juillet* 1729, *rue Pavée, près la rue de Savoye, 2 c. 12 b.*

Antoine Bouteix, 26 *Juillet* 1729, *rue des Fossés Saint Victor, près la rue des Boulangers, 4 c. 3 b.*

PIERRE-CHARLES POTHOUIN, ancien Bâtonnier, *7 Septembre* 1729, *rue de la Harpe, au-dessus de Saint Côme, 5 c. 9 b.*

Jean-Baptiste du Verne, 10 *Juillet* 1730, *rue des SS. Peres, au coin de celle de Verneuil, 6 c. 9 b.*

Ponce Bazin, 7 *Août* 1730, *Quai des Miramionnes, 7 c. 5 b.*

NICOLAS LE FEBVRE DE DAMPIERRE; ancien Bâtonnier, 29 *Août* 1730, *rue de l'Arbre-Sec, près la rue Baillette, 8 c. 3 b.*

Denis-Nicolas Delpech, 10 *Juillet* 1731, *rue de Sorbonne, 9 c. 11 b.*

Louis-Thomas Daudebert, 10 *Juillet* 1731, *rue des Marais, près la rue des Petits Augustins, 10 c. 9 b.*

Achilles le Bégue, 30 *Juillet* 1731, *rue Hautefeuille, 1 c. 5 b.*

Didier Horry, 31 *Décembre* 1731, *rue des Marmouzets, 2 c. 10 b.*

JEAN-PROSPER DUVERT D'EMALLEVILLE, ancien Bâtonnier, 5 *Mai* 1732, *rue S. Hyacinthe, Porte S. Michel*, 3 *c.* 5 *b.*

PIERRE-HENRY CAILLAU, ancien Bâtonnier, 14 *Juillet* 1732, *rue des Maçons*, 4 *c.* 5 *b.*

André Hamot, 24 *Juillet* 1732, *rue S. Germain l'Auxerrois, près l'Abreuvoir Pepin*, 5 *c.* 10 *b.*

Geraud Boudet, 5 *Janvier* 1733, *rue Guénégaud*, 6 *c.* 4 *b.*

Alexandre Landier Duparq, 6 *Juillet* 1733, *Place Royale*, 8 *c.* 9 *b.*

Claude-Nicolas Maultrot, 6 *Juillet* 1733, *rue des Grands Augustins*, 9 *c.* 9 *b.*

Louis-Adrien le Paige, 9 *Juillet* 1733, *au Bailliage du Temple*, 10 *c.* 9 *b.*

ANSELME-JOSEPH D'OUTREMONT, ancien Bâtonnier, 3 *Août* 1733, *rue Bourtibourg, près le Marché Saint Jean*, 1 *c.* 2 *b.*

Christophe-Philippe Labouret, 11 *Août* 1733, *rue de Jouy, à côté de la Grille*, 2 *c.* 10 *b.*

Jean-Michel Thirion, 27 *Août* 1733, *rue S. Julien-le-Pauvre*, 3 *c.* 2 *b.*

François-Martin Duvert de Boutemont, 12 *Juillet* 1734, *rue S. Hyacinthe, Porte S. Michel*, 4 *c.* 5 *b.*

Jean Domyné de Verzet, 3 *Août* 1734, *rue Beaubourg*, 5 *c.* 9 *b.*

Antoine-Etienne Cothereau, 6 *Septembre* 1734, *Cloître Notre-Dame*, 6 *c.* 2 *b.*

Louis-François Bordier, 6 *Septembre* 1734, *rue Bordet, au Collége de Boncourt*, 7 *c.* 7 *b.*

Pierre Esbrard, 1 *Mars* 1735, *rue des Juifs S. Antoine*, 8 *c.* 11 *b.*

Jean-Jacques le Mariey, 11 *Juillet* 1735, *rue Chapon*, 9 *c.* 2 *b.*

François-Anſelme Maignan de Savigny, 12 *Juillet* 1735, *rue des Bernardins, Hôtel de Bracq*, 10 *c.* 11 *b.*

Marc-Antoine Laget - Bardelin, ancien Bâtonnier, 8 *Août* 1735, *rue de la Harpe, vis-à-vis celle des Cordeliers*, 1 *c.* 10 *b.*

Jacques - Alexandre Mantel de la Blancherie, 7 *Septemb.* 1735, *rue du Foin, au Collége de Me. Gervais*, 2 *c.* 8. *b.*

Pierre-Olivier Pinault, 8 *Juin* 1736, *rue & vis-à-vis le petit S. Antoine*, 3 *c.* 9 *b.*

Claude - Genevieve Coqueley de Chauſſepierre, 11 *Juin* 1736, *au Vieux-Louvre, arcade de la rue Froidmanteau*, 4 *c.* 10 *b.*

Jacques-Philippe Jouhannin, 9 *Juillet* 1736, *rue S. André des Arts*, 5 *c.* 11 *b.*

Guillaume - François - Philippe de la Goutte, 12 *Juillet* 1736, *rue des Foſſés M. le Prince*, 6 *c.* 3 *b.*

François-René Allouard, 16 *Juillet* 1736, *rue Neuve S. Pierre, derriere les Minimes*, 7 *c.* 10 *b.*

Jacques-Mathurin Colombeau, 22 *Juillet* 1736, *rue Giſt-le-Cœur, vis-à-vis la rue de l'Hyrondelle*, 8 *c.* 10 *b.*

Silvain Prunget des Boiſſieres, 3 *Septembre* 1736, *rue Giſt-le-Cœur, vis-à-vis celle de l'Hyrondelle*, 9 *c.* 9 *b.*

Florent Travers, 3 *Septembre* 1736, *grande rue du Fauxbourg Saint Jacques, près celle de la Bourbe*, 10 *c.* 9 *b.*

Guillaume-François Fariau, 6 *Septembre* 1736, *rue Neuve Saint Etienne, près la Doctrine Chrétienne*, 1 *c.* 11 *b.*

Jacques-Louis Thetion, 22 *Juillet* 1737, *Cloître des Bernardins*, 2 *c.* 9 *b.*

P. d. Conſ. 1er. Banc.

Nicolas-Pierre-Charles Glot, du 19 *Août* 1728, n'a rang que du 3 *Août* 1737, *rue Serpente*, 3 *c.* 12 *b.*

LAURENT-JEAN BABILLE, Bâtonnier, 26 *Août* 1737, *rue Saint André des Arts*, 4 *c.* 2 *b.*

Antoine-Philippe Blanchet, 29 *Août* 1737, *rue des Poitevins, Hôtel de Thou*, 5 *c.* 11 *b.*

Guy Charles Aubry, Bâtonnier 2 *Septembre* 1737, *rue Hautefeuille*, 6 *c.* 2 *b.*

Louis-Nicolas Clement de Malleran, 5 *Septembre* 1737, *aux Ecoles de Droit, près Sainte Genevieve*, 7 *c.* 10 *b.*

François-Martin Frenot, 16 *Décembre* 1737, *rue S. Denis, vis-à-vis la rue de la Heaumerie*, 8 *c.* 4 *b.*

Pierre Rouſſel, 6 *Février* 1738, *rue S. Jacques près S. Yves*, 9 *c.* 5 *b.*

Pierre Dephelines de la Chartonniere, 7 *Avril* 1738, *rue Mâcon*, 10 *c.* 11 *b.*

Nicolas Pleiney, 2 *Juin* 1738, *rue des Foſſés M. le Prince*, 1 *c.* 3 *b.*

Guillaume le Blanc de Kirby, 21 *Juillet* 1738, *rue Serpente*, 3 *c.* 9 *b.*

Antoine-Jean-François Mouſſu, 24 *Juillet* 1738, *rue de la Tixéranderie, au coin de celle du Coq*, 4 *c.* 10 *b.*

Victor le Roux, 12 *Août* 1738, *rue d'Orléans, au coin de celle de Poitou*, 5 *c.* 2 *b.*

Louis-François de Calonne, 1 *Septembre* 1738, *rue de Biévre*, 6 *c.* 11 *b.*

Bâtonnier Bertrand-Louis le Camus d'Houlouve, 11 *Mai* 1739, *rue de Savoye, près la rue Pavée*, 7 *c.* 5 *b.*

André-Jacques Vancquetin, 16 *Juin* 1739, *Cour Canoniale de S. Victor*, 9 *c.* 11 *b.*

Pierre Desparviés, 6 *Juillet* 1739, *rue Mazarine, vis-à-vis les Murs du Collége*, 10 *c.* 11 *b.*

François Maiziere, 27 *Juillet* 1739, *rue Serpente*, 1 *c.* 5 *b.*

Etienne Rousselot de Chambriant, 5 *Août* 1739, *rue de Touraine, près les Cordeliers*, 2 *c.* 2 *b.*

Pierre le Large, 3 *Septembre* 1739, *rue des Grands Augustins*, 3 *c.* 11 *b.*

Claude Mey, 14 *Décembre* 1739, *rue S. André des Arts*, 4 *c.* 9 *b.*

Etienne-Augustin Pincemaille, 14 *Mars* 1740, *rue Zacharie*, 5 *c.* 9 *b.*

Charles-Jacques Boudequin de Varicourt, 30 *Mai* 1740, *rue & Isle Saint Louis, près l'Arcade*, 6 *c.* 2 *b.*

Claude-François Michel, 11 *Août* 1740, *Quai de Bourbon, près le Pont-Marie*, 7 *c.* 12 *b.*

Christophe-Henry Pelart, 22 *Août* 1740, *Quai de Bourbon en l'Isle*, 8 *c.* 5 *b.*

Claude Grau, 12 *Décembre* 1740, *rue des Prêtres S. Paul*, 9 *c.* 3 *b.*

Toussaint Colard, 29 *Mai* 1741, *rue des Ménétriers, près celle de S. Martin*, 10 *c.* 4 *b.*

Jacques Montagne, 12 *Février* 1742, *rue de Grenelle S. Honoré*, 1 *c.* 5 *b.*

Jean-Baptiste Gaulme de la Velle, 18 *Juin* 1742, *rue aux-Fers*, 2 *c.* 5 *b.*

François Lorry, 26 *Juillet* 1742, *rue Hautefeuille*, 3 *c.* 10 *b.*

François le Gras, 3 *Septembre* 1742, *rue & Isle S. Louis, près le Pont rouge*, 4 *c.* 9 *b.*

Charles-Pierre Angelesme de Saint Sabin, 20 *Novembre* 1742, *rue Serpente*, 5 *c.* 9 *b.*

François-Théodore Rouhette, à Dijon le 5 *Juillet* 1742, n'a rang que du 24 *Janvier* 1743, *rue S. Paul, Cloître S. Louis*, 6 *c.* 9 *b.*

Etienne-René Viel, 29 *Juillet* 1743, *rue Bertin-Poirée*, 7 *c.* 7 *b.*

Jean-Baptiste Flaust, à Rouen le 21 *Février* 1732, n'a rang que du 1 *Juin* 1744, *rue Saint Jacques*, 8 *c.* 2 *b.*

Pierre-François Dandasne, du 29 *Juillet* 1737, n'a rang que du 1 *Juin* 1744, *Cloître Notre-Dame*, 9 *c.* 11 *b.*

Jean-Charles Gervaise, 8 *Juin* 1744, *rue de l'Eperon*, 10 *c.* 10 *b.*

François Richer, 20 *Juillet* 1744, *Cul-de-sac du Paon, près les Cordeliers*, 1 *c.* 3 *b.*

Alexandre-Julien Procope Couteaux, 1 *Septembre* 1744, *rue de la Comédie Françoise*, 2 *c.* 12 *b.*

Claude-Nicolas Sanson, 4 *Janvier* 1745, *rue neuve S. Merry, près celle Brise-Miche.* 3 *c.* 10 *b.*

François Rapportbled, 22 *Février* 1745, *rue des Bernardins*, 4 *c.* 10 *b.*

Jean-Baptiste Gerbier de la Massillaye, 5 *Juillet* 1745, *rue des SS. Peres, près celle de Verneuil*, 5 *c.* 11 *b.*

François-Denis Tronchet, 9 *Août* 1745, *rue du Battoir*, 6 *c.* 2 *b.*

Jacques-François-Henry Doillot, 13 *Décembre* 1745, *rue des Maçons*, 7 *c.* 11 *b.*

Nicolas-Antoine Douet d'Arcq, 17 *Janvier* 1746, *Cloître Notre-Dame*, 8 *c.* 5 *b.*

Claude-André Reynaud, du 11 *Août* 1744, n'a rang que du 21 *Mai* 1746, *rue Geoffroy-l'Angevin*, 9 *c.* 3 *b.*

Jean-François Limanton, 7 *Juillet* 1746, *rue Pavée S. André des Arts*, 10 *c.* 10 *b.*

Pierre Jabineau de la Voute, 29 *Juillet* 1746, *rue de la Harpe, près S. Côme*, 1 *c.* 8 *b.*

André-Claude de Hansy, 6 *Septembre* 1746, *rue Mignon, quartier S. André*, 2 *c.* 7 *b.*

Pierre Marguet, 21 *Novembre* 1746, *Quai de Bourbon, Isle S. Louis, Hôtel de Jassaud*, 3 *c.* 10 *b.*

Odot Briquet de Mercy, 29 *Novembre* 1746, *rue d'Enfer, vis-à-vis celle S. Thomas*, 4 *c.* 5 *b.*

Julien-François Boys, 29 *Février* 1747, *rue des Mâçons*, 6 *c.* 5 *b.*

Pierre Gissey de Fontenay, 7 *Mars* 1747, *rue des Bernardins*, 7 *c.* 7 *b.*

Jean-Edilbert Maucler, du 7 *Février* 1746, n'a rang que du 1 *Juillet* 1747, *rue Gist-le-Cœur*, 8 *c.* 7 *b.*

Pierre-Jean-George Caillere de l'Etang, 21 *Juillet* 1747, *rue de la Harpe, près S. Côme*, 9 *c.* 11 *b.*

Jean-Louis Godart de Sergy, 4 *Septembre* 1747, *rue du Fouarre*, 10 *c.* 5 *b.*

Claude-Louis Thuillier de Bonée, 4 *Septembre* 1747, *rue du Jardinet, au coin de celle du Paon*, 1 *c.* 7 *b.*

Jean-Jacques Piales, 4 *Décembre* 1747, *rue Perdue, Place Maubert*, 2 *c.* 9 *b.*

Jacques Rousseau de la Motte, 8 *Février* 1748, *rue de la Vieille-Bouclerie*, 3 *c.* 7 *b.*

François Charpentier de Beaumont, 28 *Mars* 1748, *rue du Puits au Marais*, 4 *c.* 3 *b.*

Etienne-Charles Tournois, du 19 *Juillet* 1717, n'a rang que du 1 *Août* 1748, *Cloître Notre-Dame*, 5 *c.* 7 *b.*

Claude-Rigobert le Febvre de Beauvray, 6 *Août* 1748, *rue de Popincourt, près celle des Amandiers*, 6 *c.* 4 *b.*

Jean-Baptiste Boussenot, 12 *Août* 1748, *rue de Vaugirard, près la basse cour du Luxembourg*, 7 *c.* 3 *b.*

Jean Dumortous, 28 *Août* 1748, *rue des Mathurins, Petit Hôtel de Clugny*, 8 *c.* 7 *b.*

Daniel-Antoine Boureau de Beausejour, du 9 *Juillet* 1744, n'a rang que du 29 *Novembre* 1748, *rue Haute-Feuille, près celle Serpente*, 9 *c.* 3 *b.*

Louis-Joseph de Petigny, 12 *Décembre* 1748, *rue Neuve des Petits-Champs*, 10 *c.* 7 *b.*

Georges-François-Monique Michaut de Larquelais, 17 *Août* 1747, n'a rang que du 1 *Mars* 1749, *rue du Doyenné S. Louis du Louvre*, 1 *c.* 11 *b.*

Quentin-Vincent Tenneson, 2 *Juillet* 1749, *rue de la Harpe, au-dessus de la rue des Mathurins, à l'ancien Collége de Narbonne*, 2 *c.* 5 *b.*

Jean-Baptiste-Claude Cadet de Saineville, 4 *Août* 1749, *rue Chapon*, 3 *c.* 7 *b.*

Anne-Michel Belime de Maisonneuve, 28 *Août* 1749, *Quai Dauphin, près le Pont de la Tournelle*, 4 *c.* 7 *b.*

Jean-Baptiste Oudet, 2 *Septembre* 1749, *Cloître Notre-Dame*, 5 *c.* 3 *b.*

Pierre-Claude Duret, du 9 *Décembre* 1732, n'a rang que du 1 *Décembre* 1749, *rue de la vieille Estrapade*, 6 *c.* 10 *b.*

Guillaume Fincken d'Autemarche, 1 *Décembre* 1749, *rue neuve S. Laurent, près le Temple*, 7 *c.* 7 *b.*

Claude Saintin le Blan, 22 *Décembre* 1749, *rue des Fossés M. le Prince*, 8 c. 11 *b.*

Jean-Henry Dorival, 23 *Février* 1750, *rue de la Colombe en la Cité*, 9 c. 10 *b.*

Alexis-Louis Guerin de la Bréardiere, du 29 *Avril* 1738, n'a rang que du 10 *Mars* 1750, *rue des Bernardins*, 10 c. 4 *b.*

Jean-Baptiste-Claude Vaubertrand, 20 *Juillet* 1750, *rue des Fossés S. Germain-l'Auxerrois, cul-de-sac Sourdis*, 2 c. 3 *b.*

Pierre Gaborit, 1 *Septembre* 1750, *rue de la Marche, au Marais, Maison de M. Chassaigne*, 3 c. 4 *b.*

Nicolas Doucy, du 23 *Août* 1740, n'a rang que du 10 *Janvier* 1751, *rue Culture Ste. Catherine, vis-à-vis l'hôtel S. Fargeau*, 4 c. 5 *b.*

Pierre-Bernard Bruhier de la Neuville, 19 *Avril* 1751, *rue des Noyers, près celle des Anglois*, 5 c. 3 *b.*

François-Laurent-Dominique Sionnest, 23 *Août* 1751, *Cour Neuve du Palais*, 6 c. 3 *b.*

Jean-Baptiste-Michel Mauduison, 30 *Août* 1751, *rue Montmartre, près l'Egoût*, 7 c. 3 *b.*

Marie-Philippe-Auguste Belot, 6 *Septembre* 1751, *rue des Poitevins*, 8 c. 9 *b.*

Pierre-Claude Le Moyne de Grandpré, 6 *Septembre* 1751, *Quai de Bourbon, Isle Saint Louis*, 9 c. 12 *b.*

Jean-François Dufour, 6 *Septembre* 1751, *rue des Juifs*, 10 c. 3 *b.*

Louis Aré Bert de la Bussiere, du 20 *Avril* 1751, n'a rang que du 12 *Novembre* 1751, *rue Neuve S. Roch, Maison de M. Ollery*, 1 c. 3 *b.*

Michel Simon du Puisot, 28 *Février* 1752, *rue de la Verrerie, près celle Bar-du-Bec*, 2 c. 9 *b.*

Etienne-Pierre-Germain Goudard, 6 *Mars* 1752, *rue de la Bucherie*, 3 *c.* 12 *b.*

François-Marin le Prevost du Rivage, 23 *Mars* 1752, *rue & Cloître des Bernardins*, 4 *c.* 3 *b.*

Claude-Nicolas Collet, 20 *Avril* 1752, *rue Sainte Avoye, près celle de Braque*, 5 *c.* 10 *b.*

Jean-Baptiste-Jacques Elie de Beaumont, 12 *Mai* 1752, *rue de Braque*, 6 *c.* 2 *b.*

Guy-Jean-Baptiste Target, 6 *Juillet* 1752, *rue Sainte Croix de la Bretonnerie*, 7 *c.* 5 *b.*

Antoine-Louis Delaune, 6 *Juillet* 1752, *au Louvre*, 8 *c.* 5 *b.*

Pierre-Claude-Jacques le Mouton de Nehou, 17 *Juillet* 1752, *rue de Sorbonne près celle des Mathurins*, 9 *c.* 3 *b.*

Christophe-Jean-François Beaucousin, 7 *Août* 1752, *Cloître Notre-Dame*, 10 *c.* 11 *b.*

Jean-Jacques Savet, du 23 *Août* 1745, n'a rang que du 23 *Août* 1752, *Vieille rue du Temple, près la rue Barbette*, 1 *c.* 7 *b.*

Jean-François Lesparat, 28 *Novembre* 1752, *rue des Maçons*, 2 *c.* 2 *b.*

Henry-Louis de la Fortelle, 7 *Décembre* 1752, *rue Saint Merry, près celle Sainte Avoye*, 4 *c.* 11 *b.*

Guillaume Poncet de la Grave, à Toulouse le 9 *Août* 1751, n'a rang que du 18 *Décembre* 1752, *rue Sainte Croix de la Bretonnerie, au coin de celle Bourtibourg*, 5 *c.* 6 *b.*

François-Camille Lemoine d'Herly, 7 *Septembre* 1754, *Cloître Notre-Dame*, 6 *c.* 5 *b.*

Jean-Etienne le Sage, 7 *Septembre* 1754, *rue du Foin, au Collége de Me. Gervais* 7 *c.* 10 *b.*

Jean-Baptiste-François Guyet, 7 *Septembre* 1754, *rue*

rue Cloche-Perche, au coin de la rue du Roi de Sicile, 8 *c.* 9 *b.*

Nicolas Damien de Blancmur, 7 *Septembre* 1754, *rue Beaubourg, Cul-de-Sac Bertault*, 9 *c.* 8 *b.*

Thomas-Anne Carteron, 7 *Septembre* 1754, *rue S. Jacques, au dessus des Mathurins*, 10 *c.* 6 *b.*

Jacques Texier, 7 *Septembre* 1754, *rue de la Cerisaye*, 1 *c.* 7 *b.*

Pierre-Alexandre-Charles Timbergue, 7 *Septembre* 1754, *rue Serpente*, 2 *c.* 5 *b.*

Dominique Aubin de la Forest, 7 *Septembre* 1754, *rue Tictonne*, 3 *c.* 11 *b.*

François Huet, 25 *Novembre* 1754, *rue du Four S. Honoré*, 4 *c.* 5 *b.*

Alexandre-Cesar-Michel Perron, 26 *Nov.* 1754, *Quai & vis-à-vis le Pont de la Tournelle*, 7 *c.* 7 *b.*

Jean-Simon Aved de Loizerolles, 26 *Novembre* 1754, *au Bailliage de l'Arsenal*, 6 *c.* 5 *b.*

Henry Breton, 26 *Novembre* 1754, *rue Geoffroy-l'Angevin*, 5 *c.* 10 *b.*

Jean-Baptiste Vulpian, 2 *Décembre* 1754, *rue de l'Observance*, 8 *c.* 3 *b.*

Louis le Roi, 3 *Décembre* 1754, *rue S. André des Arts*, 9 *c.* 5 *b.*

Claude-François Lochard, à Besançon, le 2 *Août* 1748, n'a rang que du 17 *Décembre* 1754, *rue de Savoye*, 10 *c.* 7 *b.*

Antoine Riviere, 15 *Janvier* 1755, *rue de Condé*, 1 *c.* 3 *b.*

Annet Recolene, 17 *Mars* 1755, *rue du Plâtre S. Jacques, près le College de Cornouaille*, 2 *c.* 9 *b.*

Denis du Rouzeau, 9 *Juin* 1755, *rue des Noyers*, 3 *c.* 5 *b.*

Nicolas-Jean-Baptiste Ponteau, 18 *Août* 1755, *rue d'Enfer S. Landry, Hôtel de Chavigny*, 4 *c.* 3 *b.*

François Trumeau de Vozelle, 1 Décembre 1755, *Cour du Vieux Louvre*, 5 *c.* 3 *b.*

Jacques-François Leprestre, 8 *Janvier* 1756, *rue du Monceau Saint Gervais*, 6 *c.* 7 *b.*

François-Michel Vermeil, 12 *Janvier* 1756, *rue Geoffroy-l'Angevin, près la rue Sainte Avoie*, 7 *c.* 10 *b.*

Joseph-Firmin Leboucher, 24 *Février* 1756, *hôtel d'Onzembray, rue des Bourdonnois*, 8 *c.* 5 *b.*

Jean-Baptiste-Charles Charon de S. Charles, 12 *Juillet* 1756, *Cloître des Bernardins*, 9 *c.* 9 *b.*

Henry Brouillet de l'Estang, 26 *Juillet* 1756, *rue S. Martin, au coin de la rue Aubry-le-Boucher*, 10 *c.* 9 *b.*

Claude-Philibert Pion de la Roche, 9 *Août* 1756, *Cloître Sainte Opportune*, 1 *c.* 9 *b.*

Jean-Pierre Siméon, 23 *Août* 1756, *Vieille rue du Temple, près le Cul-de-sac d'Argenson*, 2 *c.* 2 *b.*

Jean-Ange-Maximin Pelletier de Rilly, 6 *Septembre* 1756, *rue des Fossés Saint Victor, vis-à-vis celle Contr'Escarpe*, 3 *c.* 5 *b.*

Joseph-François Boullyer, 5 *Septembre* 1757, *rue Serpente*, 4 *c.* 3 *b.*

Pierre-François Pulleu, 5 *Septembre* 1757, *rue de la Tixéranderie, vis-à-vis celle des Mauvais-Garçons*, 5 *c.* 4 *b.*

Pierre-Richard-François Gudin 5 *Septembre* 1757, *rue des Rats au coin de celle de la Bucherie*, 6 *c.* 7 *b.*

André Rat de Mondon, 6 *Septembre* 1757, *au Collége Royal, Place de Cambray*, 7 *c.* 3 *b.*

Philippe Dumouchet, 6 *Octobre* 1757, *rue de la Colombe en la Cité*, 8 *c.* 10 *b.*

Antoine Tessier du Breuil, 21 *Novembre* 1757, *rue de la Harpe, vis-à-vis celle des Cordeliers*, 9 *c.* 3 *b.*

Pierre-Louis Memmie de la Fourniere, 5 *Décembre* 1757, *rue du Fouarre, Place-Maubert*, 10 *c.* 3 *b.*

Jean-Baptiste Pierret de Sancieres, 6 *Mars* 1758, *rue du Monceau S. Gervais*, 1 *c.* 5 *b.*

Louis Henri-Philippe Ribert, du 5 *Septembre* 1757, n'a rang que du 7 *Mars* 1758, *rue Galande, Place Maubert, à l'Hôtel de Lesseville*, 2 *c.* 3 *b.*

Pierre-Augustin Guerin de la Cour, du 6 *Septembre* 1757, n'a rang que du 4 *Avril* 1758, *rue Gist-le-cœur*, 3 *c.* 4 *b.*

Pierre-Augustin-Marie Lohier, à Rennes, le 18 *Août* 1744, n'a rang que du 11 *Avril* 1758, *rue de Tournon*, 4 *c.* 11 *b.*

Claude Blanchard de la Valette, 20 *Avril* 1758, *Cloître S. Jean en Gréve*, 5 *c.* 3 *b.*

François-Louis Hutteau, 19 *Juin* 1758, *Hôtel-des-Ursins, rue Basse*, 6 *c.* 2 *b.*

Pierre-Geoffroy Châtelain de Lorgemont, 24 *Juillet* 1758, *Quai de Bourbon, Isle S. Louis*, 7 *c.* 11 *b.*

Jacques Costard, 17 *Août* 1758, *rue des Marais, Fauxbourg S. Martin*, 8 *c.* 7 *b.*

François Bruys, 7 *Septembre* 1758, *rue de la Harpe, vis-à-vis la rue Serpente*, 9 *c.* 5 *b.*

Jean-Baptiste Boullemer de la Martiniere, du 31 *Août* 1750, n'a rang que du 27 *Novembre* 1758, *rue des Deux Boules*, 10 *c.* 11 *b.*

Pierre Fossey, 11 *Décembre* 1758, *rue Galande, vis-à-vis celle du Fouarre*, 1 *c.* 2 *b.*

Pierre-Augustin-Joseph le Brun, 22 *Janvier* 1759, *rue des Bernardins*, 2 *c.* 10 *b.*

René-Gilbert d'Ampol, 23 *Janvier* 1759, *rue de la Grande Truanderie, vis-à-vis celle Mondetour*, 3 *c.* 7 *b.*

Louis-Etienne de la Rivoire, 23 *Avril* 1759, *Cloître S. Benoît*, 4 *c.* 9 *b.*

Raymond Donadieu de Noprats, 30 *Avril* 1759, *rue de Sorbonne*, 5 *c.* 4 *b.*

Claude-Christophe Courtin, 18 *Juin* 1759, *rue S. Dominique, Place S. Michel*, 6 *c.* 9 *b.*

Claude-Barthelemy le Prêtre de la Motte, 3 *Septembre* 1759, *rue de la Harpe, près le College d'Harcourt*, 7 *c.* 5 *b.*

Nicolas-Alexandre Herbaut Despavaux, 3 *Septembre* 1759, *rue de la Calendre, près le Palais*, 8 *c.* 9 *b.*

Gilles Boucher de la Richarderie, 3 *Septembre* 1759, *rue des Bernardins, vis-à-vis l'Hôtel de Nesmond*, 9 *c.* 5 *b.*

Marie-Etienne Ysabeau de Villarceau, 6 *Septembre* 1759, *rue de la Harpe, au Collége de Narbonne*, 10 *c.* 5 *b.*

Marc-René Gaigne, 6 *Septembre* 1759, *rue du Doyenné Saint Louis du Louvre*, 1 *c.* 9 *b.*

Jacques-Nicolas Pauiy, du 7 *Août* 1747, n'a rang que du 8 *Janvier* 1760, *Cloître N.D.* 2 *c.* 3 *b.*

Louis-Simon Martineau, 5 *Février* 1760, *rue des Blancs-Manteaux, Cul-de-Sac Pecquet*, 3 *c.* 10 *b.*

Marin Carouge, 12 *Mai* 1760, *rue des Poitevins, près la rue Hautefeuille,* 4 *c.* 10 *b.*

Pierre Aujollet, 12 *Mai* 1760, *rue S. Eloy, Hôtel Pepin,* 5 *c.* 10 *b.*

Joseph François Malingrey, 17 *Juin* 1760, *rue S. André des Arts, près celle Gist-le-Cœur,* 6 *c.* 7 *b.*

Pierre-Claude-Simon Pelletier, 3 *Juillet* 1760, *rue de Tournon, près le Luxembourg,* 7 *c.* 11 *b.*

Armand-Gaston Camus, 21 *Juillet* 1760, *rue Guénégaud,* 8 *c.* 5 *b.*

Charles-Pierre-Didier Desmoulins, 28 *Juillet* 1760, *rue des Blancs-Manteaux, au coin de celle de l'Homme Armé,* 9 *c.* 7 *b.*

Jean-Baptiste-Michel Estienne, 4 *Août* 1760, *rue du Plâtre Sainte Avoye,* 10 *c.* 10 *b.*

Joseph Lesueur, 4 *Août* 1760, *rue des Marmouzets, près la porte du Cloître,* 1 *c.* 3 *b.*

Noël-Claude Janny, 26 *Août* 1760, *rue de Bracque, au Marais,* 2 *c.* 7 *b.*

Marie-Nicolas Pigeon, 28 *Août* 1760, *Cloître des Bernardins,* 3 *c.* 5 *b.*

Louis-François Hochereau, 1 *Septembre* 1760, *rue des Blancs-Manteaux, près la rue Sainte Avoye,* 4 *c.* 3 *b.*

François-Marie Thorel, 2 *Septembre* 1760, *rue S. André des Arts,* 5 *c.* 4 *b.*

Pierre Ader, 6 *Septembre* 1760, *rue Neuve S. Merry,* 6 *c.* 4 *b.*

Jean Blondel, du 10 *Janvier* 1758, n'a rang que du 12 *Novembre* 1760, *rue des Blancs-Manteaux,* 7 *c.* 10 *b.*

René Gaultier du Breil, 29 *Décembre* 1760,

rue de Condé, vis-à-vis la rue des Fossés M. le Prince, 8 *c.* 5 *b.*

Jacques Cyalis de Lavaud, du 3 *Septembre* 1756, n'a rang que du 18 *Mai* 1761, *rue de la Harpe, au coin de celle des Deux-Portes*, 9 *c.* 5 *b.*

Jean-Baptiste Treilhard, 12 *Juillet* 1761, *rue Haute-Feuille, vis-à-vis celle Percée*, 10 *c*, 11 *b.*

Charles-Simon Dinet, 23 *Juillet* 1761, *rue des Blancs-Manteaux, Cul-de-Sac Pecquet*, au mois d'Août, *rue S. Merry, près celle du Renard*, 1 *c.* 5 *b.*

François-Pierre Chalumeau, 3 *Août* 1761, *rue Poupée*, 2 *c.* 3 *b.*

Pierre-François le Prestre de Boisderville, 28 *Août* 1761, *rue de la Harpe, près le Collége d'Harcourt*, 3 *c.* 5 *b.*

Jean-François Borderel, 9 *Février* 1762, *rue du Plâtre Saint Jacques*, 4 *c.* 11 *b.*

Jacques-Michel Canuel, 5 *Juillet* 1762, *rue des Lavandieres Sainte Opportune*, 6 *c.* 11 *b.*

Jerôme-Melaine le Gentil de Kermoisan, à Rennes, le 15 *Mars* 1752, n'a rang que du 31 *Août* 1762, *Cul-de-Sac S. Thomas du Louvre, vis-à-vis la rue du Doyenné*, 8 *c.* 11 *b.*

Louis-Charles Fera, 6 *Septembre* 1762, *rue Perdue, Place Maubert*, 9 *c.* 10 *b.*

Louis-Claude Picard, 17 *Janvier* 1763, *rue Sainte Croix de la Bretonnerie, vis-à-vis celle de l'Homme-Armé*, 10 *c.* 10 *b.*

Annet Marnier, 10 *Février* 1763, *rue de Bievre, vis-à-vis le petit Hôtel de Brac*, 1 *c.* 5 *b.*

Jacques Serpaud, 17 *Février* 1763, *rue des Maçons, près la Sorbonne*, 2 *c.* 7 *b.*

Charles-Ponce Sarot, 17 *Février* 1763, *rue Gallande, vis-à-vis celle des Rats*, 3 *c.* 6 *b.*

Pierre-Paul-Nicolas Henrion de Pansey, 10 *Mars* 1763, *rue Hautefeuille*, 4 *c.* 5 *b.*

Jean-Michel Denys, 28 *Mars* 1763, *rue S. Victor, près celle des Bernardins*, 5 *c.* 3 *b.*

Charles-Borromée Boutroux de Monteresson, 1 *Août* 1763, *rue des Bernardins, vis-à-vis l'Hôtel Torpanne*, 6 *c.* 7 *b.*

Pierre-Marie-Elisabeth Phelipeaux, du 27 *Juillet* 1744, n'a rang que du 18 *Août* 1763, *rue des Roziers*, 7 *c.* 5 *b.*

Thomas-Laurent Mouricault, 18 *Août* 1763, *rue Bar-du-Bec*, 8 *c.* 5 *b.*

François-Michel Gaignant, 22 *Août* 1763, *rue de la Harpe, vis-à-vis la rue des Cordeliers*, 10 *c.* 4 *b.*

Antoine-Nicolas Jaillant, du 17 *Août* 1761, n'a rang que du 12 *Novembre* 1763, *rue des Blancs-Manteaux*, 9 *c.* 7 *b.*

Jean-Baptiste Osmont, 26 *Janvier* 1764, *Place des Quatre-Nations, près le Collége Mazarin*, 1 *c.* 11 *b.*

Nicolas de Channe-Maron, 16 *Avril* 1764, *rue des Poulies, Petit Hôtel de Conti*, 2 *c.* 10 *b.*

Pierre-Joseph Renard, 21 *Mai* 1764, *rue S. Hyacinthe, Porte S. Michel*, 3 *c.* 5 *b.*

Pierre-Leonard Grapin, à Dijon le 4 *Juillet* 1763, n'a rang que du 1 *Juin* 1764, *rue des Carmes, au Collége de Presle*, 4 *c.* 11 *b.*

Jean-François Jolly, 1 *Juin* 1764, *rue du Foin Saint Jacques*, 5 *c.* 7 *b.*

Antoine des Granges, 5 *Juillet* 1764, *rue S. Dominique-d'Enfer*, 6 *c.* 7 *b.*

Jean-Nicolas Durand, 23 *Juillet* 1764, *rue Haute-Feuille*, 7 *c.* 2 *b.*

Jean-Nicolas Thiercelin, 23 *Juillet* 1764, *rue des Vieilles-Etuves S. Martin*, 8 *c.* 10 *b.*

Nicolas Bouillerot de Chanvallon, 9 *Août* 1764, *vieille rue du Temple, vis-à-vis l'Hôtel Pelletier*, 9 *c.* 9 *b.*

Joſeph-Magdelaine Colette de Baudicourt, 23 *Août* 1764, *rue du Fauxbourg S. Jacques, vis-à-vis la Viſitation*, 10 *c.* 2 *b.*

Claude-Nicolas le Clerc, 7 *Septembre* 1764, *Cloître S. Merry*, 1 *c.* 5 *b.*

Jean-Zorobabel Aublet de Maubuy, 10 *Décembre* 1764, *rue du Four S. Honoré, n°* 86, 2 *c.* 4 *b.*

Jean-Charles-Ambroiſe Guillemot d'Alby, 21 *Janvier* 1765, *rue Grange-Batelliere*, 3 *c.* 5 *b.*

Charles-François Bercher du Martrai, 5 *Février* 1765, *rue du Fouarre, attenant la Chapelle*, 4 *c.* 10 *b.*

George-Etienne de Courbeville, 12 *Février* 1765, *rue de l'Arbre Sec, près le Cul-de-Sac des Provençaux*, 5 *c.* 7 *b.*

Louis-Claude Rimbert, du 24 *Mai* 1764, n'a rang que du 1 *Avril* 1765, *rue des Bernardins*, 6 *c.* 3 *b.*

Louis Laus de Boiſſy, 1 *Avril* 1765, *rue Neuve S. Euſtache*, 7 *c.* 10 *b.*

Joſeph la Caze, 15 *Avril* 1765, *rue de la Tixéranderie, preſque vis-à-vis celle des Mauvais-Garçons*, 8 *c.* 3 *b.*

Denis-Martin Corteuil de Maupas, 30 *Avril* 1765, *rue des Bernardins*, 9 *c.* 7 *b.*

Alexis-Jean-Baptiſte Durot, du 4 *Sept.* 1755,

n'a rang que du 9 *Mai* 1765, *rue des Marmouzets en la Cité*, 10 *c.* 3 *b.*

Nicolas Boudard, 13 *Mai* 1765, *rue Croix des Petits-Champs, près celle Coquilliere*, 1 *c.* 12 *b.*

Jean-François Didier, 30 *Mai* 1765, *rue S. Nicaise*, 2 *c.* 11 *b.*

Pierre-François Giroust, 25 *Juin* 1765, *rue du Cimetiere S. André, près celle Haute-Feuille*, 3 *c.* 10 *b.*

Michel-Louis de la Pierre, du 29 *Août* 1763, n'a rang que du 1 *Juillet* 1765, *rue des Marmouzets*, 4 *c.* 5 *b.*

Jean Saulnier, du 5 *Septembre* 1763, n'a rang que du 1 *Juillet* 1765, *Quai d'Anjou, Isle Saint Louis*, 5 *c.* 5 *b.*

Guillaume-François-Roger Molé, du 28 *Novembre* 1763, n'a rang que du 1 *Juillet* 1765, *rue Mazarine, près celle Guénégaud*, 6 *c.* 5 *b.*

Jean-Joseph Leon, à Aix le 17 *Juin* 1740, n'a rang que du 9 *Juillet* 1765, *Cour du Palais*, 7 *c.* 3 *b.*

Rigobert-Simon Marmotant, 15 *Juillet* 1765, *rue de Bievre*, 8 *c.* 2 *b.*

Cyprien-Athanase Lasseray, 15 *Juillet* 1765, *Place du Chevalier du Guet, quartier Sainte Opportune*, 9 *c.* 10 *b.*

Jean-Hylaire Billard, 5 *Août* 1765, *rue Montorgueil, vis-à-vis la rue Tiquetonne*, 10 *c.* 5 *b.*

Jacques-Hylaire Mennessier, 13 *Août* 1765, *rue de la Tixéranderie, au coin de celle du Coq*, 1 *c.* 10 *b.*

Henry-Augustin Falourd du Vergier, 2 *Septembre* 1765, *Cloître S. Jean en Grève*, 2 *c.* 5 *b.*

François-Julien Alix, 5 *Septembre* 1765, *rue Sainte Avoye*, 3 *c.* 5 *b.*

Jean Rat de la Poiteviniere, 26 *Novembre* 1765, *rue Hautefeuille, près celle du Cimetiere S. André*, 4 *c.* 3 *b.*

Germain Truchon, 31 *Décembre* 1765, *Cloître S. Benoît*, 5 *c.* 5 *b.*

Jean-Louis Grenier, 31 *Décembre* 1765, *rue & Isle S. Louis, au coin de la rue de la Femme sans Tête*, 6 *c.* 5 *b.*

Armand-François de Thesigni, du 10 *Juillet* 1749, n'a rang que du 2 *Janvier* 1766, *rue des douze Portes au Marais*, 7 *c.* 4 *b.*

Victor-Simon Œillet de S. Victor, 16 *Janvier* 1766, *rue de la Tixéranderie, vis-à-vis celle du Mouton*, 8 *c.* 10 *b.*

Etienne-Firmin d'Auterive, du 21 *Août* 1736, n'a rang que du 7 *Avril* 1766, *rue des Poitevins Hôtel de Thou*, 9 *c.* 10 *b.*

Melchiade-Corentin Gigot, 28 *Avril* 1766, *rue des Bernardins*, 5 *c.* 5 *b.*

Jacques-Charles Durand de Miremont, du 11 *Janvier* 1745, n'a rang que du 3 *Mai* 1766, *rue de la Bucherie, près celle des Rats*, 10 *c.* 10 *b.*

Jean-Baptiste Faré, 9 *Mai* 1766, *rue Michel-le-Comte*, 1 *c.* 3 *b.*

Pierre Villot de Fréville, 15 *Mai* 1766, *rue des Noyers*, 2 *c.* 5 *b.*

André Parent, 30 *Juin* 1766, *en Sorbonne*, 3 *c.* 10 *b.*

Louis-François le Tellier Duvey, 13 *Août* 1766, *rue S. André des Arts, vis-à-vis celle de l'Eperon*, 4 *c.* 5 *b.*

Jean-François Jame, 6 *Septembre* 1766, *Cloître Notre-Dame*, 5 *c.* 3 *b.*

Roch-Henri Prevost de Saint Lucien, 3 *Février* 1767, *rue Sainte Appoline*, 6 *c.* 5 *b.*

Charles-Pierre Bourgoin, du 19 *Juin* 1758, n'a rang que du 7 *Mars* 1767, *rue Sainte Avoie, vis-à-vis celle des Blancs-Manteaux*, 7 *c.* 9 *b.*

Jacques Aubery des Fontaines, 12 *Mars* 1767, *rue Quincampoix, vis-à-vis celle de Venise*, 8 *c.* 10 *b.*

Paul Porcher, du 27 *Mars* 1764, n'a rang que du 27 *Avril* 1767, *rue S. Bon*, 10 *c.* 4 *b.*

Denis Metayer, du 16 *Juillet* 1760, n'a rang que du 30 *Avril* 1767, *rue Beaubourg, près celle de la Cour des Morts*, 1 *c.* 3 *b.*

Alexis Devaux, 4 Mai 1767, *rue du Martrois*, 2 *c.* 6 *b.*

Pierre Chambert, 18 *Mai* 1767, *rue Bertin-Poirée*, 3 *c.* 5 *b.*

Louis-François le Roi de Montécly, 15 *Juin* 1767, *rue de Sorbonne, vis-à-vis & au-dessus du Passage S. Benoît*, 4 *c.* 2 *b.*

Pierre-Charles-Louis Baudin, 13 *Juillet* 1767, *rue du Plâtre S. Jacques, à l'ancien Collége de Cornouailles*, 5 *c.* 4 *b.*

Alexandre-François-Laurent le Poitevin, 3 *Août* 1767, *rue du Sépulcre, au coin de la rue Taranne*, 6 *c.* 5 *b.*

Spire Loreau, 11 *Août* 1767, *rue S. Jacques de la Boucherie*, 8 *c.* 5 *b.*

Joseph-Louis le Conte, 27 *Août* 1767, *rue Hautefeuille*, 9 *c.* 5 *b.*

Mathieu-Joseph Gandolphe, 31 *Décembre* 1767, *rue d'Enfer, près les Feuillans*, 10 *c.* 5 *b.*

François-René Chavray de Boissy, du 17 *Août* 1755, n'a rang que du 2 *Janvier* 1768, *Quai de l'Ecole, près le Louvre*, 1 *c.* 11 *b.*

Jacques-Claude Martin de Marivaux, 4 Janvier 1768, *rue Mont-Martre, près Saint Eustache*, 2 *c.* 5 *b.*

Alexis-Pierre-Nicolas Coquebert, 11 *Janvier* 1768, *rue du Battoir, au coin de celle Hautefeuille*, 3 *c.* 10 *b.*

François-Théodore Regnard, du 15 *Juillet* 1737, n'a rang que du 15 *Janvier* 1768, *rue S. Antoine, près celle de Fourcy*, 4 *c.* 9 *b.*

Paul Laurent Dodin, 29 *Février* 1768, *Quai de Bourbon, Isle Saint Louis*, 5 *c.* 5 *b.*

Jean-Charles Mignien du Planier, 3 *Mars* 1768, *rue S. Antoine, près le Petit S. Antoine*, 6 *c.* 10 *b.*

Jacques-Joseph Dartis de Marcillac, 9 *Mars* 1768, *rue Simon-le-Franc, près la rue Sainte Avoye*, 7 *c.* 10 *b.*

Pierre Bergeras, au Parlement de Pau, le 21 *Juillet* 1762, n'a rang que du 24 *Avril* 1768, *rue de Bièvre, près le Quai*, 8 *c.* 5 *b.*

Jean-Baptiste Demonho, 31 *Mai* 1768, *Fauxbourg S. Jacques, près les Dames Sainte Marie*, 9 *c.* 5 *b.*

Louis-Bon Asport, 12 *Juillet* 1768, *rue de Grenelle, près l'Abbaye de Pantemont*, 10 *c.* 10 *b.*

Charles-Claude Montigny, 26 *Juillet* 1768, *rue de la Harpe*, 7 *c.* 3 *b.*

Etienne Guyot de Sainte Helene, 21 *Juillet* 1768, *rue du Chevet S. Landri*, 1 *c.* 11 *b.*

André-Louis-François Pellier des Forges, 1 *Août* 1768, *rue S. Jean de Beauvais*, 2 *c.* 3 *b.*

Jean-Etienne Barré, 1 *Août* 1768, *rue des Noyers*, 3 *c.* 5 *b.*

Pierre-Genou Franquelin des Isles, 14 *Août* 1768, *rue de Bercy, F. S. Antoine*, 4 *c.* 5 *b.*

Paulin-Louis Bercher, 18 *Août* 1768, *rue du Plâtre S. Jacques*, 5 *c.* 5 *b.*

Mathieu-Firmin Guyard, 18 *Août* 1768, *rue de la Harpe, vis-à-vis Saint Côme*, 6 *c.* 5 *b.*

Charles Minier, 22 *Août* 1768, *Cul-de-Sac S. Dominique, près la rue d'Enfer*, 7 *c.* 5 *b.*

Claude-Pierre Rouſſeau, 29 *Août* 1768, *rue Aubry-le-Boucher*, 8 *c.* 5 *b.*

Joſeph-Vincent de la Croix, 30 *Août* 1768, *rue de la Verrerie, vis-à-vis celle du Coq*, 9 *c.* 10 *b.*

André-Etienne Maignan de Champromain, 7 *Septembre* 1768, *rue du Battoir, vis-à-vis la rue Mignon*, 10 *c.* 5 *b.*

Henri Jabineau, 19 *Décembre* 1768, *Cloître Saint Benoît*, 1 *c.* 9 *b.*

Jean-Baptiſte Laforeſt, 19 *Décembre* 1768, *rue S. Benoît, Fauxbourg S. Germain*, 2 *c.* 5 *b.*

Michel Bouez Damazy, 19 *Décembre* 1768, *rue S. Hyacinthe, Porte S. Jacques*, 3 *c.* 6 *b.*

René Meſtiviers, 19 *Décembre* 1768, *rue du Coq S. Jean*, 4 *c.* 11 *b.*

Joſeph-Louis-Pierre de Calonne, 2 *Janvier* 1769, *rue de Biévre*, 5 *c.* 11 *b.*

Bon-Thomas Pelé, 5 *Janvier* 1769, *rue du Four, Hôtel Delaguette*, 6 *c.* 10 *b.*

Pierre Auguſtin Hemeri, 16 *Janvier* 1769, *rue des Rats*, 7 *c.* 9 *b.*

Jean Plaiſant de la Houſſaye, 8 *Février* 1769, *rue Neuve S. Merri*, 8 *c.* 10 *b.*

Jean-André Arſandaux, du 7 *Septembre* 1754, n'a rang que du 20 *Février* 1769, *rue du Jardinet*, 9 *c.* 10 *b.*

André Blonde, *à Dijon*, le 8 *Mars* 1768 n'a rang que du 14 *Mars* 1769, *rue du Plâtre S. Jacques*, 10 *c.* 9 *b.*

Gilbert Ameil, 8 *Mai* 1769, *rue Pierre Sarrazin*, 1 c. 11 b.

François-Pierre Fradin, 29 *Mai* 1769, *à l'ancien Hôtel d'Hambourg, rue du Four S. Germain, vis-à-vis celle de l'Egoût*, 2 c. 5 b.

Joſeph Gaillard, 29 *Mai* 1769, *rue de l'Hirondelle*, 3 c. 5 b.

Charles-François Laſaudade, 5 *Juin* 1769, *rue Guénégaud*, 4 c. 3 b.

Antoine-Claude Braquehais, 27 *Juin* 1769, *rue Saint Jacques, au-deſſus de celle des Mathurins*, 5 c. 5 b.

Auguſtin-Jean-Louis Doulcet, 10 *Juillet* 1769, *Cloître Notre-Dame*, 6 c. 5 b.

Pierre-François-Jean des Fontaines, 10 *Juillet* 1769, *rue Neuve Saint Merry*, 7 c. 4 b.

Antoine-François-Nicolas le Vaſſeur, 10 *Juillet* 1769, *rue des Foſſés Saint Victor*, 8 c. 10 b.

Jean-Baptiſte-François Bayard, 17 *Juillet* 1769, *rue du Plâtre Saint Jacques, Collége de Cornouailles*, 9 c. 5 b.

Jacques Thetion, 27 *Juillet* 1769, *Cloître des Bernardins*, 10 c. 10 b.

Jean-Gabriel Poriquet, 27 *Juillet* 1769, *rue Jean-Pain-Mollet, près celle S. Bon*, 1 c. 5 b.

Louis-Marie Guillaume, 31 *Juillet* 1769, *rue du Battoir Saint André*, 2 c. 5 b.

Alexandre-Sulpice Fleury, 31 *Juillet* 1769, *rue des Poſtes, vis-à-vis le Séminaire Anglois*, 3 c. 7 b.

Pierre-Jean Agier, 7 *Août* 1769, *rue des Maçons*, 4 c. 11 b.

René Motron, du 29 *Août* 1743, n'a rang que

du 7 *Août* 1769, *rue des Grands-Degrés* 5 *c.* 3 *b.*

Eugène Hardouin de la Reynerye, 9 *Août* 1769, *rue du Jardinet*, 6 *c.* 11 *b.*

Pierre-François Bogne, 2 *Septembre* 1769, *rue & Isle S. Louis*, 7 *c.* 7 *b.*

Alexandre - Jules - Benoît de Bonnieres, 4 *Septembre* 1769, *Parvis Notre-Dame*, 8 *c.* 9 *b.*

Hilaire-Joseph Hubert de Matigny, 4 *Septembre* 1769, *Cloître Notre-Dame*, 9 *c.* 11 *b.*

Jacques-François Brunet, 5 *Septembre* 1769, *rue des 2 Boules Ste Opportune*, 10 *c.* 4 *b.*

Pierre-Marie Simon, 6 *Septembre* 1769, *rue du Coq S. Jean*, 1 *c.* 10 *b.*

Michel-Nicolas le Roy de S. Charles, 6 *Septembre* 1769, *rue S. Denis, vis-à-vis S. Leu*, 2 *c.* 5 *b.*

Louis-Antoine Brasseux, 6 *Septembre* 1769, *rue Tiquetonne*, 3 *c.* 5 *b.*

Alexandre le Bon de la Boutraye, 7 *Septembre* 1769, *rue des Poulies*, 4 *c.* 4 *b.*

Gerard-Henry de Blois, du 18 *Août* 1767, n'a rang que du 12 *Novembre* 1769, *rue du Battoir, près celle Hautefeuille*, 5 *c.* 10 *b.*

Jean-Mathias Satens, 11 *Décembre* 1769, *rue Quincampoix, près la rue aux Ours*, 6 *c.* 2 *b.*

François Brisse, 18 *Décembre* 1769, *rue Poupée S. André*, 7 *c.* 5 *b.*

Philippe Forez, 19 *Décembre* 1769, *rue d'Anjou-Dauphine*, 8 *c.* 10 *b.*

Germain Hulot, 19 *Février* 1770, *rue Thibault-aux-Dez*, 9 *c.* 3 *b.*

Jean-François-Pierre le Vasseur, du 1er. *Février* 1768, n'a rang que du 20 *Février* 1770, *rue Simon-le-Franc*, 10 *c.* 7 *b.*

Pierre-Jean-Louis Alix de Murjet; du 27 *Novembre* 1760, n'a rang que du 1er. *Avril* 1770, *rue des Mathurins, vis-à-vis celle des Maçons*, 1 c. 9 *b*.

Jean-Jacques-Guillaume Seran, 9 *Avril* 1770, *rue des Fossés M. le Prince, près celle de Touraine*, 2 c. 5 *b*.

Innocent-Lazare Mollet, 3 *Mai* 1770, *rue du Mouton*, 3 c. 7 *b*.

François-Alexis-Nicolas Ferey, à Rouen, le 24 *Mars* 1755, n'a rang que du 8 *Mai* 1770, *Cloître Notre-Dame*, 4 c. 6 *b*.

Denis Foisy de Tremont, 16 *Juillet* 1770, *rue du Théâtre Français*, 6 c. 5 *b*.

Pierre-Charles-Marin Fournier, 23 *Juillet* 1770, *Cloître S. Merry*, 7 c. 5 *b*.

Nicolas Doucet, 23 *Août* 1770, *rue de Sorbonne*, 8 c. 7 *b*.

Pierre Fournier de la Chenaye, 27 *Août* 1770, *rue S. André des Arts, vis-à-vis celle Mâcon*, 9 c. 7 *b*.

Leonard Robin, 4 *Septembre* 1770, *rue Beaubourg, Hôtel de Fer*, 10 c. 3 *b*.

Jean-François Fournel, 8 *Janvier* 1771, *rue des Bernardins, Hôtel de Brac*, 1 c. 5 *b*.

Pierre-Antoine Rudel, 10 *Janvier* 1771, *rue des Postes, Maison des Eudistes*, 2 c. 5 *b*.

Edme-Guillaume-Jean-Baptiste-Bernard Leger de Monthuon, 10 *Janvier* 1771, *rue Perdue*, 3 c. 3 *b*.

Nicolas Rathier, à Dijon, 15 *Janvier* 1771, *rue & Isle S. Louis*, 4 c. 11 *b*.

Pierre Dubois, du 31 *Décembre* 1739, n'a rang que du 12 *Novembre* 1774, *rue S. Denis, a l'Apport-Paris*, 5 c. 9 *b*.

François-Dominique de Lavaux, du 29 *Novembre* 1746

1746, n'a rang que du 12 *Novembre* 1774, *rue Royale*, *Porte S. Honoré*, 6 c. 5 *b.*

Pierre Bernier, du 16 *Décembre* 1754, n'a rang que du 12 *Novembre* 1774, *Cloître Notre-Dame*, 7 c. 10 *b.*

Robert-Thomas-François Jodon de Valtire, du 6 *Avril* 1758, n'a rang que du 12 *Novembre* 1774, *quai des Céleſtins*, *à côté des Diligences*, 8 c. 3 *b.*

Louis-Jacques Boudeau, du 2 *Juillet* 1761, n'a rang que du 12 *Novembre* 1774, *rue des Foſſés S. Germain des Prés*, 9 c. 7 *b.*

Charles-Gerard Dauphinot, du 4 *Juin* 1764, n'a rang que du 12 *Novembre* 1774, *rue des Noyers*, *vis-à-vis celle des Anglois*, 10 c. 7 *b.*

Michel-François Hocquet, du 17 *Janvier* 1765, n'a rang que du 12 *Novembre* 1774, *rue du Fouarre*, 1 c. 4 *b.*

Jacques-Joſeph Millet de Gravelle, du 8 *Août* 1768, n'a rang que du 12 *Novembre* 1774, *rue du Petit-Carreau*, 2 c. 3 *b.*

Michel-Vincent Manuby, du 30 *Août* 1762, n'a rang que du 12 *Novembre* 1774, *rue de Berry*, *au Marais*, 3 c. 8 *b.*

Nicolas-Louis-Gabriel-François Riché, du 26 *Juin* 1766, n'a rang que du 12 *Novembre* 1774, *rue de la Coutellerie*, 4 c. 4 *b.*

Pierre Courtat, du 29 *Mars* 1759, n'a rang que du 12 *Novembre* 1774, *rue Saint Guillaume*, *Fauxbourg S. Germain*, 5 c. 8 *b.*

Charles-Pierre le Paige, du 18 *Août* 1766, n'a rang que du 14 *Novembre* 1774, *rue Saint Louis*, *au Marais*, 6 c. 2 *b.*

Jacques de la Vigne, 21 *Novembre* 1774, *rue du Plâtre Saint Jacques*, 7 c. 4 *b.*

Joseph de la Croix de Frainville, 29 *Nov.* 1774, *Cour du Palais, Maison de M. du Franc*, 8 c. 3 *b.*

François-Antoine Marguet, 29 *Novembre* 1774, *quai de Bourbon, Isle S. Louis*, 9 c. 10 *b.*

Gaspard-Gilbert Delamalle, 29 *Novembre* 1774, *rue du Dauphin*, 10 c. 7 *b.*

Etienne-Denis Bureau du Colombier, 29 *Novembre* 1774, *rue des Deux-Portes S. Jean*, 1 c. 5 *b.*

Louis-Charles Monniot, 29 *Novembre* 1774, *rue Mignon*, 2 c. 5 *b.*

Jean-Baptiste-Laurent le Porquier de Vaux, 29 *Novembre* 1774, *rue & Isle S. Louis*, 3 c. 10 *b.*

René-Charles Bouquet, 29 *Novembre* 1774, *rue des Quatre-Fils, au Marais*, 4 c. 7 *b.*

Mathurin Heron, 29 *Novembre* 1774, *rue de la Harpe, près la rue Percée*, 5 c. 8 *b.*

Nicolas Hennebert de Forceville, 1 *Décembre* 1774, *rue du Bac, près celle de Grenelle, Fauxbourg Saint Germain*, 6 c. 5 *b.*

Pierre-François-Paul Berni d'Ouville, 1 *Décembre* 1774, *rue des Bernardins*, 7 c. 5 *b.*

François Briquet de Lavaux, 1 *Décembre* 1774, *rue Saint André des Arts*, 8 c. 5 *b.*

Jacques-Michel Brulley, 5 *Décembre* 1774, *rue S. Martin, vis-à-vis celle de Montmorency*, 9 c. 5 *b.*

Jean-Baptiste-Pierre Follenfant, 5 *Décembre* 1774, *rue du Puits au Marais, près Sainte Croix de la Bretonnerie*, 10 c. 9 *b.*

Célestin-Joseph Broutin, 5 *Décembre* 1774, *rue des Poitevins*, 1 c. 5 *b.*

François-Laurent Archambault, 5 *Décembre* 1774, *rue Saint André des Arts*, 2 c. 5 *b.*

Jean-Emmanuel Godefroy de Montours, 5 *Décembre* 1774, *rue de la Harpe, vis-à-vis celle des Cordelliers*, 3 *c.* 4 *b.*

Jean-Nicolas-François-Alexis Manen, 5 *Décembre* 1774, *rue Sainte Croix de la Bretonnerie, vis-à-vis celle du Puits*, 4 *c.* 4 *b.*

Claude Mitantier, 5 *Décembre* 1774, *Parvis Notre-Dame*, 5 *c.* 5 *b.*

Jacques-Antoine Creuzé de la Touche, 5 *Décembre* 1774, *rue des Mauvaises-Paroles*, 6 *c.* 11 *b.*

Jean-Baptiste-Jacques Fontaine, 5 *Décembre* 1774, *rue de l'Hirondelle, Hôtel de Salamandre*, 8 *c.* 7 *b.*

Jean-Baptiste-Etienne-Benoît Soreau, 12 *Décembre* 1774, *rue de la Mortellerie, près celle de Long-Pont*, 9 *c.* 10 *b.*

Nicolas-Antoine Linguet, 12 *Décembre* 1774, *rue Pavée Saint André des Arts*, 10 *c.* 10 *b.*

Bernard-Augustin Mascassies, 12 *Décembre* 1774, *quai de la Tournelle*, 1 *c.* 5 *b.*

Denis de Leymerie, 12 *Décembre* 1774, *rue Saint Martin, vis-à-vis la Fontaine Maubuée*, 2 *c.* 5 *b.*

Edme-Charles Perreau, 15 *Décembre* 1774, *rue de l'Eperon S. André*, 3 *c.* 7 *b.*

Jean Bonnal, 20 *Décembre* 1774, *quai de Bourbon, près le Pont-Rouge*, 4 *c.* 5 *b.*

Hyacinthe Feart, 20 *Décembre* 1774, *rue Saint Julien le Pauvre*, 5 *c.* 5 *b.*

Jean-Baptiste-Nicolas Canet de Selincour, 20 *Décembre* 1774, *rue du Fouarc*, 6 *c.* 3 *b.*

Pierre-Claude de Launay Lebled, 20 *Décembre* 1774, *rue Geoffroy-Lasnier*, 7 *c.* 5 *b.*

Henry Menuau de Villeneuve, 20 *Décembre* 1774, *rue Percée*, 8 *c.* 5 *b.*

Pierre-Raphael Gazon, 20 *Décembre* 1774, *rue Culture Sainte Catherine*, 9 *c.* 7 *b.*

Pierre-Louis-Nicolas Husson des Broutieres, 20 *Décembre* 1774, *rue de l'Hirondelle*, 10 *c.* 10 *b.*

Antoine-Nicolas Pincemaille de Villers, 22 *Décembre* 1774, *rue & Isle S. Louis*, 1 *c.* 5 *b.*

Eustache-Nicolas Pigeau, 22 *Décembre* 1774, *Vieille rue du Temple, près la rue Sainte Croix de la Bretonnerie*, 2 *c.* 2 *b.*

Jean-Baptiste Prevel de la Coursiere, 22 *Décembre* 1774, *rue du Fouarre*, 3 *c.* 10 *b.*

Claude-Ambroise Arvier, 24 *Décembre* 1774, *Rue de Savoye*, 4 *c.* 10 *b.*

Anne-Joseph Gilles de la Londe, 29 *Décembre* 1774, *rue Saint Christophe*, 5 *c.* 5 *b.*

Nicolas-Joseph Vivier Delaunay, 29 *Décembre* 1774, *rue du Battoir, au coin de celle de l'Eperon*, 6 *c.* 4 *b.*

Jacques Parisot, 7 *Janvier* 1775, *rue du Plâtre Saint Jacques*, 7 *c.* 5 *b.*

Jean Dalleas, 9 *Janvier* 1775, *rue de Montmorency*, 8 *c.* 4 *b.*

Jean-Baptiste-François Beguin, 9 *Janvier* 1775, *rue du Fauxbourg Saint Jacques*, 9 *c.* 5 *b.*

Pierre le Cousturier, 16 *Janvier* 1775, *rue des Deux-Boules*, 10 *c.* 5 *b.*

Albert-François-Stanislas Turquet, 16 *Janvier* 1775, *rue Saint Jean de Beauvais, près les anciennes Ecoles de Droit*, 1 *c.* 4 *b.*

Thiery Guillaume du Fay, 16 *Janvier* 1775, *rue S. Jean-de-Beauvais*, 2 *c.* 10 *b.*

Pierre-Nicolas Leduc, 16 *Janvier* 1775, *Bailliage du Palais*, 3 *c.* 10 *b.*

Roch-Alexandre Vallet de Senenville, 19 *Janvier* 1775, *rue Sainte Avoye, vis-à-vis celle Geoffroy-Langevin*, 4 *c.* 11 *b.*

Simon-Jude-François-Joseph Prevots de Lumina, du 9 *Janvier* 1770, n'a rang que du 22 *Janvier* 1775, *rue des Maçons*, 5 *c.* 5 *b.*

Jean-Charles Maucler, 6 *Février* 1775, *rue Gist-le-Cœur*, 6 *c.* 7 *b.*

Bon-Claude Cahier de Gerville, 16 *Février* 1775, *rue Jean Pain Mollet* 7 *c.* 5 *b.*

Pierre-Joseph Cauvin, 20 *Février* 1775, *rue des Blancs-Manteaux, Cul-de-Sac Pecquet* 8 *c.* 11 *b.*

Jean-Philippe Garran de Coulon, 23 *Février* 1775, *rue des Vieux-Augustins*, 9 *c.* 11 *b.*

Jean-Etienne Poirier, 2 *Mars* 1775, *rue du Foin Saint Jacques*, 10 *c.* 4 *b.*

Antoine-René-Constance Bertolio, 9 *Mars* 1775, *rue des Maçons*, 1 *c.* 2 *b.*

Charles-Denis Grouvelle, 13 *Mars* 1775, *rue au Maire, vis-à-vis le Carré de Saint Nicolas des Champs*, 2 *c.* 2 *b.*

Denis-François Cohin, 16 *Mars* 1775, *rue de l'Hirondelle*, 3 *c.* 5 *b.*

Jean-Baptiste Darigrand, 27 *Mai* 1767, n'a rang que du 16 *Mars* 1775, *rue de la Verrerie, près l'Hôtel de Pomponne*, 4 *c.* 6 *b.*

Denis-Alexis Biset, 23 *Mars* 1775, *rue & vis-à-vis le Prieuré de Saint Martin des Champs*, 5 *c.* 5 *b.*

Ambroise-Guillaume-Geraud Boudet, 6 *Avril* 1775, *rue Guénégaud*, 6 *c.* 4 *b.*

Robert-Etienne de Villantroys, 10 *Avril* 1775, *rue de la Tixeranderie, presque vis-à-vis celle des Mauvais-Garçons*, 7 *c.* 4 *b.*

Jean-Claude-Michel Mordan de Launay, 10 *Avril* 1775, *rue & Isle Saint Louis*, 8 *c.* 7 *b.*

Claude Royer, 4 *Mai*, 1775, *rue Saint Jean de Beauvais, vis-à-vis la Chapelle*, 9 *c.* 8 *b.*

Charles-Edme Broüet, 7 *Mai* 1770, n'a rang que du 9 *Mai* 1775, *rue de Bièvre*, 10 *c.* 9 *b.*

Jean-Louis Galtier de Saint Symphorien, à Toulouse, le 26 *Août* 1746, n'a date que du 9 *Mai* 1775, *rue de l'Estrapade*, 1 *c.* 10 *b.*

Nicolas-Jean Santerre, du 1 *Décembre* 1774, n'a rang que du 10 *Mai* 1775, *rue de la Tixéranderie, près celle des Mauvais-Garçons*, 2 *c.* 5 *b.*

François Gorguereau, 15 *Décembre* 1774, n'a rang que du 10 *Mai* 1775, *rue de la Bucherie, à l'Ecole de Médecine*, 3 *c.* 2 *b.*

Charles-Nicolas Guillon d'Assas, 22 *Décembre* 1774, n'a rang que du 10 *Mai* 1775, *Quai des Augustins*, 4 *c.* 5 *b.*

Pierre-Jacques Brunetiere, 20 *Mars* 1775, n'a rang que du 10 *Mai* 1775, *rue du Foin St. Jacques*, 5 *c.* 3 *b.*

Antoine-Simon Lambert, 27 *Juin* 1775, *rue de l'Hirondelle*, 8 *c.* 5 *b.*

Guillaume Vincendon, 6 *Juillet* 1775, *rue St. Dominique, porte Saint-Michel*, 9 *c.* 7 *b.*

Antoine-Pierre-Marie Dubois de Moulignon, 6 *Juillet* 1775, *rue S. Honoré, près celle de l'Echelle*, 10 *c.* 4 *b.*

Etienne-François-Edme Guenepin, 6 *Juillet* 1775, *rue de Bièvre*, 1 *c.* 7 *b.*

Jean-Joseph Fabre, 7 *Août* 1775, *rue Gist-le-Cœur*, 2 *c.* 4 *b.*

François-Hyacinthe-Benoît Vivier de la Chaussée, 21 *Août* 1775, *rue de la Tixéranderie, au coin de la rue des Mauvais Garçons*, 3 *c.* 3 *b.*

Marie-Jean-François du Parc, 28 *Août* 1775,

rue de la Harpe, près la Place S. Michel, 4 *c.* 10 *b.*

Laurent-Jean Babille de Prenoy, 28 *Août* 1775, *rue du Théâtre François*, 5 *c.* 2 *b.*

Honoré-François Chery, 31 *Août* 1775, *rue S. Pierre, près la Place des Victoires*, 6 *c.* 3 *b.*

Claude-Michel Brodon, 31 *Août* 1775, *rue de l'Hirondelle S. André-des-Arts*, 7 *c.* 5 *b.*

Louis-Marie Cauche, 4 *Septembre* 1775, *rue S. André-des-Arts, vis-à-vis la rue Gist-le-Cœur*, 8 *c.* 6 *b.*

Jean-Bapt.-François-Noël de Jouy, 7 *Septembre* 1775, *rue Poultiere, Isle S. Louis*, 9 *c.* 10 *b.*

André-Jean de la Rocque, 7 *Septembre* 1775, *Isle Notre-Dame, rue S. Louis*, 10 *c.* 5 *b.*

Pierre Angot, 7 *Septembre* 1775, *rue du Plâtre Sainte Avoye*, 1 *c.* 11 *b.*

Pierre-Jacques Bonhomme de Comeyras, 7 *Septembre* 1775, *rue Sainte Avoye*, 2 *c.* 11 *b.*

Etienne Defer, 7 *Septembre* 1775, *rue de la Harpe, près le Collége de Bayeux*, 3 *c.* 9 *b.*

Jean-Baptiste Lemoine Desprez, 28 *Novembre* 1775, *rue S. Victor, près l'Abbaye*, 4 *c.* 5 *b.*

Jean-François Burgat, 14 *Décembre* 1775, *rue des Fossés St. Germain des-Prés, Hôtel de la Fautriere*, 5 *c.* 10 *b.*

Salomon-Antoine Melin, 18 *Décembre* 1775, *rue des Noyers*, 6 *c.* 10 *b.*

Antoine-Nicolas Hugot, 18 *Décembre* 1775, *rue de la Harpe, vis-à-vis le Collége d'Harcourt*, 7 *c.* 2 *b.*

Pi.-Cécile Nau, 18 *Déc.* 1775, *rue de la Harpe, vis-à-vis le Collége d'Harcourt*, 8 *c.* 7 *b.*

Edme-Marguerite Lauvin de Montplaisir, 25 *Janvier* 1776, *rue Geoffroy Lasnier*, 9 *c.* 10 *b.*

Jacques-François-Xavier-Marie Savy, 12 *Février 1776, Quai de Bourbon, Isle Saint Louis*, 10 *c.* 4 *b.*

Jacques-Ambroise-Silvain Mallet, 29 *Février 1776, rue des Billettes*, 2 *c.* 10 *b.*

André-Joseph Abrial, 29 *Février* 1776, *rue des Juifs*, 3 *c.* 11 *b.*

Louis-Antoine Laurens de Courville, 21 *Mars* 1776, *Cloître Notre-Dame*, 4 *c.* 5 *b.*

Louis-Pierre-Etienne Caffart de Villeneuve, du 29 *Novembre* 1774, n'a rang que du 29 *Mars* 1776, *rue Beaubourg*, 6 *c.* 5 *b.*

Pierre-Jean-Baptiste Broyart, du 1 *Avril* 1776, *rue des Noyers, vis-à-vis celle des Anglois*, 7 *c.* 5 *b.*

Charles-Pierre Bosquillon, 1 *Avril* 1776, *à l'Estrapade, Place de Fourcy*, 8 *c.* 5 *b.*

Jacques-Edme Fleury de Villiers, du 21 *Avril* 1766, n'a rang que du 25 *Avril* 1776, *rue des Saints Peres, près la rue Jacob*, 9 *c.* 10 *b.*

Ponce le Laurain, du 6 *Février* 1776, n'a rang que du 10 *Mai* 1776, *rue Dauphine*, 10 *c.* 10 *b.*

Etienne Hénault de Tourneville, 20 *Mai* 1776, *rue Quincampoix, vis-à-vis l'Hôtel de Liège*, 1 *c.* 7 *b.*

Nicolas Oudart, 20 *Mai* 1776, *rue Poultiere, isle S. Louis*, 5 *c.* 10 *b.*

Jean-François-Bonami Tripier, *du* 22 *Mai* 1775, n'a rang que du 22 *Mai* 1776, *rue du Mail*, 2 *c.* 3 *b.*

Jacques-Antoine Vagiel Daubleçour, 27 *Juin* 1776, *rue de Bercy, Fauxbourg Saint Antoine*, 3 *c.* 3 *b.*

Thimotée-Arnould Henry, à la Cour Souveraine de Nancy, le 12 *Novembre* 1770, n'a rang que du 7 *Juillet* 1776, *rue ~~des Noyers~~*, 4 *c.* 9 *b.*

Louis la Cretelle, à la Cour Souveraine de

Nancy, le 7 *Mai* 1772, n'a rang que du 7 *Juillet*, 1776, *rue Sainte Avoye au-dessus de celle de Bracque*, 5 c. 11 *b*.

Antoine-Elisabeth Erard Mollien, 8 *Juillet* 1776, *quai d'Anjou, Isle Notre-Dame*, 6 *c*. 2 *b*.

Pierre Auzonne Chancel, 8 *Juillet* 1776, *rue Mazarine, près la rue Guénégaud*, 7 *c*. 4 *b*.

Charles-Jacques Lhomme, 8 *Juillet* 1776, *rue des Rosiers, vis-à-vis celle des Ecouffes*, 8 *c*. 9 *b*.

Jacques-René Ferré, 22 *Juillet* 1776, *rue des Fossés M. le Prince*, 10 *c*. 5 *b*.

Jean-Baptiste le Gras de Vigny, 26 *Juillet* 1776, *rue & Montagne Sainte Genevieve*, 1 *c*. 3 *b*.

Louis-Joseph Landry de la Hautaye, 29 *Juillet* 1776, *rue des Prouvaires, près Saint Eustache*, 2 *c*. 2 *b*.

Jean-Michel Gerard, 2 *Septembre* 1776, *rue du Fouarre*, 3 *c*. 5 *b*.

Pierre-François Du Houx de Grisoles, *du* 3 *Juillet* 1769, n'a rang que du 12 *Novembre* 1776, *rue Quincampoix, à côté du Commissaire*, 4 *c*. 7 *b*.

Jean-François Perré, 12 *Décembre* 1776, *quai d'Orléans, Isle S. Louis*, 5 *c*. 4 *b*.

Charles-Pierre-Michel Forestier, 16 *Décembre* 1776, *Bailliage S. Martin-des-Champs*, 6 *c*. 3 *b*.

Alexandre-Marie Millin, 16 *Décembre* 1776, *rue de la Colombe en la Cité*, 7 *c*. 10 *b*.

Henri-Victor Caffiery, 30 *Décembre* 1776, *rue des Billettes*, 8 *c*. 2 *b*.

Jacques Sannier, 30 *Décembre* 1776, *rue des Quatre-Fils, au Marais*, 9 *c*. 2 *b*.

Mathurin-Pierre Jozeau, 30 *Décembre* 1776, *Cloître Saint Benoît, au coin de la rue des Mathurins*, 10 *c*. 5 *b*.

Nicolas le Verdier, 30 *Décembre* 1776, *quai de la Ferraille*, 1 *c*, 5 *b*.

Jean-Pierre-Victor Féral, *du* 19 *Décembre* 1775, n'a rang que du 13 *Janvier* 1777, *rue de la Harpe, vis-à-vis le Collége d'Harcourt*, 2 *c*. 8 *b*.

Etienne-Edme Pajot, *du* 2 *Janvier* 1776, n'a rang que du 20 *Janvier* 1777, *rue Sainte-Avoye, au coin de celle du Plâtre*, 3 *c*. 5 *b*.

Armand-Bernard-Honoré Brouffe, 6 *Février* 1777, *rue du Temple, près la rue Porte-Foin*, 4 *c*. 5 *b*.

François Marchand du Chaume, 17 *Février* 1777, *rue de Bievre*, 5 *c*. 4 *b*.

Jacques-René Mortier du Parc, 20 *Février* 1777, *rue de la Harpe, près celle de la Parcheminerie*, 6 *c*. 8 *b*.

François-Samuel Fromentin, *du* 18 *Novembre* 1775, n'a rang que du 3 *Mars* 1777, *rue Beaubourg*, 7 *c*. 10 *b*.

Marguerite-Louis-François du Port du Tertre, 20 *Mars* 1777, *rue St. Germain-l'Auxerrois, vis-à-vis le Fort-l'Evêque*, 8 *c*. 11 *b*.

Nicolas Bouchard, 24 *Mars* 1777, *rue de Seine, Fauxbourg St. Germain, vis-à-vis la rue du Colombier*, 9 *c*. 3 *b*.

Louis-Alexis Raphel, 24 *Avril* 1777, *rue Simon-le-Franc*, 8 *c*. 9 *b*.

Louis-François Féval, 5 *Mai* 1777, *rue du Plâtre St. Jacques*, 10 *c*. 2 *b*.

François Hervé, à Rennes, le 2 *Mai* 1775, n'a rang que du 7 *Mai* 1777, *rue Poupée, près la rue haute-Feuille*, 1 *c*. 9 *b*.

Claude-Jacques Vautrin, *du* 16 *Janvier* 1775, n'a rang que du 8 *Mai* 1777, *rue Basse des Ursins*, 2 *c*. 4 *b*.

Louis-Magdelaine Merlet, du 22 *Août* 1747, n'a rang que du 9 *Mai* 1777, *rue des Noyers Saint Jacques*, 3 c. 11 *b.*

Laurent Marcilly, *du* 6 *Septembre* 1756, n'a rang que du 9 *Mai* 1777, *rue du Fouare*, 4 c. 12 *b.*

Antoine-Nicolas Douet d'Arcq, 6 *Juillet* 1777, *Cloître Notre-Dame*, 8 *c.* 9 *b.*

Sébaftien Epoigny, 14 *Juillet* 1777, *rue du Jardinet*, 6 *c.* 5 *b.*

Charles-Paul-Marie Giquel, 14 *Juillet* 1777, *rue de la Parcheminerie, au coin de celle Saint Jacques*, 10 *c.* 4 *b.*

Julien-Michel Dufour, 20 *Juillet* 1777, *Carrefour Saint Benoît*, 9 *c.* 5 *b.*

Anne-Clément-Félix Champion, 20 *Juillet* 1777, *rue Saint Honoré, près celle S. Roch*, 1 *c.* 5 *b.*

Louis Doulcet d'Egligny, 21 *Juillet* 1777, *Cloître Notre-Dame*, 2 *c.* 5 *b.*

Marc-Guillaume Cathala, 21 *Juillet* 1777, *rue de la Calandre*, 7 *c.* 5 *b.*

Louis-Michel Savy, 21 *Juillet* 1777, *rue des Grands-Auguftins*, 7 *c.* 5 *b.*

Charles-Louis Le Rouge, 24 *Juillet* 1777, *rue du Roi de Sicile*, 1 *c.* 5 *b.*

Jean-Louis Sarradin, 28 *Juillet* 1777, *rue des Vieux-Auguftins*, 6 *c.* 5 *b.*

Jean-Charles Thiloriez, 31 *Juillet* 1777, *rue Bertin-Poiré*, 5 *c.* 10 *b.*

Charles Marteau, 4 *Août* 1777, *rue de la Harpe*, 9 *c.* 5 *b.*

Jean-Baptifte Leger, 7 *Août* 1777, *rue de la Calandre*, 8 *c.* 9 *b.*

Antoine Rabuffon de la Motte, 7 *Août* 1777, *rue des Francs-Bourgeois S. Michel*, 10 *c.* 4 *b.*

Louis de la Métherie, 11 *Août* 1777, *rue Saint Martin, vis-à-vis Saint Merry*, 5 *c.* 10 *b.*

Gabriel-Felix Cairol, 3 *Septembre* 1777, *rue de Biévre*, 5 *c.* 10 *b.*

Louis Darbieu, 6 *Septembre* 1777, *rue du Chaume*, 9 *c.* 5 *b.*

Marie-Alexandre Dupré de Ballay, 6 *Septembre* 1777, *rue d'Enfer S. Michel*, 2 *c.* 7 *b.*

Jean-Louis-Antoine le Bel, 25 *Novembre* 1777, *quai de la Tournelle, vis-á-vis le Pont*, 7 *c.* 5 *b.*

Jacques-Claude Paſchal le Page, 25 *Novembre* 1777, *rue des Juifs*, 1 *c.* 5 *b.*

Jean-Léonard Remy de Mery, du 12 *Juillet* 1745, n'a rang que du 2 *Décembre* 1777, *Cloître Notre-Dame*, 5 *c.* 2 *b.*

Jean-Charles le Clerc, du 24 *Juillet* 1775, n'a rang que du 12 *Décembre* 1777, *rue de Clery, vis-à-vis celle du gros Chenet*, 1 *c.* 7 *b.*

Jean-Charles de Singly, 18 *Décembre* 1777, *rue des Marmouzets*, 4 *c.* 11 *b.*

Nicolas Aubertot, 22 *Décembre* 1777, *rue Galande, vis-à-vis celle du Fouarre*, 5 *c.* 10 *b.*

Auguſte-François Valladon de Boigny, du 29 *Décembre* 1777, *rue Jacob*, 9 *c.* 5 *b.*

Jean-Charles Bitouzé des Linieres, à Rouen, le 18 *Novembre* 1766, n'a rang que du 1 *Janvier* 1778, *rue des Maçons*, 6 *c.* 5 *b.*

Jean-Baptiſte-François-Joſeph Fleury d'Aſſigny, du 6 *Mars* 1777, n'a rang que du 4 *Janv.* 1778, *rue des Maçons*, 6 *c.* 5 *b.*

Jean-François Dubois de Niermont, 12 *Janvier* 1778, *rue de la Harpe, près celle du Foin*, 10 *c.* 4 *b.*

Jean-Antoine Villedieu, du 21 *Mars* 1768, n'a rang que du 4 *Février* 1778, *rue Mignon*, 4 *c.* 11 *l.*

Léon d'Herbelot, 5 *Février* 1778, *rue de la Parcheminerie*, 2 *c.* 7 *b.*

Nicolas-Denis Mascrey de la Haye, du 22 *Avril* 1775, n'a rang que du 24 *Février* 1778, *rue Quincampoix*, 7 *c.* 5 *b.*

Louis-René Chauveau, 26 *Février*, 1778, *quai de Bourbon, près le Pont-Rouge*, 3 *c.* 6 *b.*

Simon-Edme Pasqueau de Saint Cyr, 26 *Février* 1778, *rue de Biévre*, 3 *c.* 6 *b.*

Marin le Vacher de la Terréniere, 4 *Mars* 1778, *rue Bourg-l'Abbé*, 7 *c.* 5 *b.*

Michel Barbier, 16 *Mars* 1778, *rue S. Martin, près celle Aubry-le-Boucher*, 8 *c.* 9 *b.*

Jean-Louis Boulanger, 16 *Mars* 1778, *rue du Roi de Sicile, vis-à-vis celle Cloche-Perche*, 1 *c.* 7 *b.*

Charles-Dominique Thirria de Valseue, 2 *Avril* 1778, *rue des Bernardins*, 6 *c.* 5 *b.*

François Marnier Despeux, 4 *Mai* 1778, *rue de Biévre*, 2 *c.* 5 *b.*

Jean-Charles Bayeux, du 29 *Novembre* 1774, n'a rang que du 5 *Mai* 1778, *rue d'Enfer Saint Landry*, 10 *c.* 4 *b.*

Georges-André Berrier desCadioux, du 19 *Janvier* 1741, n'a rang que du 9 *Mai* 1778, *rue Saint Jean de Beauvais*, 7 *c.* 10 *b.*

Gaspard-Joseph-Amand Ducher, du 5 *Décembre* 1774, n'a rang que du 5 *Mars* 1779, *rue du Foin, au Collége de Mᵉ Gervais*, 9 *c.* 5 *b.*

Etienne Polverel, à Bordeaux, le 27 *Août* 1759, n'a rang que du 6 *Mai* 1780, *rue de Bourbon-Villeneuve, près celle des Filles-Dieu*, 9 *c.* 11 *b.*

Pierre-Henri Mathieu, 4 *Juillet* 1771, n'a rang

que du 8 *Mai* 1780, *rue de l'Echelle*, 10 *c.* 9 *b.*

Léon Lalane, à Toulouſe, le 13 *Juillet* 1758, n'a rang que du 20 *Juillet* 1780, *rue Bar-du-Bec*, 1 *c.* 5 *b.*

Louis Robin de Mozas, à Grenoble, le 19 *Déc.* 1771, n'a rang que du 2 *Avril* 1781, *rue de la Tixéranderie, près celle des Coquilles*, 4 *c.* 2 *b.*

François Roux de Laborie, du 2 *Avril* 1759, n'a rang que du 12 *Mai* 1781, *rue Saint Jean-de-Beauvais*, 3 *c.* 5 *b.*

Guillaume Veirieu, à Toulouſe, le premier *Juillet* 1777, n'a rang que du 18 *Avril* 1782, *rue des Mathurins, vis-à-vis celle des Maçons*, 4 *c.* 2 *b.*

Signé **BABILLE**, Bâtonnier.

DISTRIBUTION DES COLONNES
Avec la date de la Matricule.

Premiere Colonne.

Jacques-François-Antoine Colombeau, *Doyen*,	17 Juillet 1714
Joseph Masson,	12 Juillet 1725
Jacq. Pierre Cotton du Verger,	31 Août 1728
Achilles le Bégue,	30 Juillet 1731
ANSELME-JOSEPH D'OUTREMONT, *ancien Bâtonnier*,	3 Août 1733
MARC-ANTOINE LAGET-BARDELIN, *ancien Bâtonnier*,	8 Août 1735
Guillaume-François Fariau,	6 Sept. 1736
Nicolas Pleiney,	2 Juin 1738
François Maizieres,	27 Juillet 1739
Jacques Montagne,	12 Fév. 1742
François Richer,	20 Juillet 1744
Pierre Jabineau de la Voute,	29 Juillet 1746
Claude-Louis Thuillier de Bonée,	4 Sept. 1747
George-François-Monique Michaut de l'Arquelais,	1 Mars 1749
Louis Aré-Bert de la Bussiere,	12 Nov. 1751
Jean-Jacques Savet, *Dép.*	23 Août 1752
Jacques Texier,	7 Sept. 1754
Antoine Riviere,	15 Janv. 1755
Claude-Philb. Pion de la Roche,	9 Août 1756
Jean-Baptiste Pierret de Sansieres,	6 Mars 1758
Pierre Fossey,	11 Décembre 1758

Marc-René Gaigne, 6 Septembre 1759
Joseph le Sueur, 4 Août 1760
Charles-Simon Dinet, 23 Juillet 1761
Annet Marnier, 10 Février 1763
Jean-Baptiste Osmont, 26 Janvier 1764
Claude-Nicolas le Clerc, 7 Septem. 1764
Nicolas Boudard, 13 Mai 1765
Jacques-Hilaire Menessier, 13 Août 1765
Jean-Baptiste Faré, 9 Mai 1766
Denis Metayer, 30 Avril 1767
François René Chavray de Boissy, 2 Janvier 1768
Etienne Guyot de Ste. Hélene, 21 Juillet 1768
Henri Jabineau, 19 Déc. 1768
Gilbert Ameil, 8 Mai 1769
Jean-Gabriel Porriquet, 27 Juillet 1769
Pierre-Marie Simon, 6 Sept. 1769
Pierre-Jean-Louis Alix de Murjet, 1 Avril 1770
Jean-François Fournel, 8 Janvier 1771
Michel-François Hocquet, 12 Nov. 1774
Et.-Denis Bureau du Colombier, 29 Nov. 1774
Célestin-Joseph Broutin, 5 Décembre 1774
Bernard-Augustin Mascassies, 12 Déc. 1774
Antoine-Nicolas Pincemaille
de Villers, 22 Décembre 1774
Albert-François Stanislas Turquet, 16 Janv. 1775
Antoine-René-Constance Bertolio, 9 Mars 1775
Jean-Louis Galtier de S. Symphorien, 9 Mai 1775
Etienne-François-Edme Guenepin, 6 Juillet 1775
Pierre Angot, 7 Septembre 1775
Etienne Hénault de Tourneville,
20 Mai 1776
Jean-Baptiste le Gras de Vigny, 26 Juillet 1776
Nicolas le Verdier, 30 Décembre 1776
François Hervé, 7 Mai 1777
Anne-Clément-Félix Champion, 20 Juill. 1777
Charles-Louis Lerouge, 24 Juillet 1777

Jacques-

Jacques-Claude Paschal Le Page, 25 Nov. 1777
Jean-Charles Leclerc, 12 Décembre 1777
Jean-Louis Boulanger, 16 Mars 1778
Léon Lalanne, 20 Juillet 1780

DEUXIEME COLONNE.

ANtoine Regnard, 11 Déc. 1719
Nicolas DELAMBON, *anc. Bât.* 28 Août 1725
Pierre Taillandier, 11 Juillet 1729
Didier Horry, 31 Déc. 1731
Christophe-Philippe Labouret, 11 Août 1735
Jacq. Alex. Mantel de la Blancherie, 7 Sept. 1733
Jacques-Louis Thetion, 22 Juillet 1737
Etienne Rousselot de Chambriant, 5 Août 1739
Jean-Bapt. Gaulme de la Velle, 18 Juin 1742
Alexand. Jul. Procope Couteaux, 1 Sept. 1746
André-Claude de Hansy, *Dép.* 6 Sept. 1744
Jean-Jacques Piales, 4 Déc. 1747
Quentin-Vincent Tenneson, 2 Juillet 1749
Jean-Bapt. Claude Vaubertrand, 20 Juillet 1750
Michel Simon du Paisot, 28 Fév. 1752
Jean-François Lesparat, 28 Novembre 1752
Pierre-Alexandre-Ch. Timbergue, 7 Sept. 1754
Annet Recolene, 17 Mars 1755
Jean-Pierre Siméon, 23 Août 1756
Louis-Henry-Philippe Ribert, 7 Mars 1758
Pierre-Augustin-Joseph le Brun, 22 Janv. 1759
Jacques-Nicolas Pauly, 8 Janvier 1760
Noël-Claude Janny, 26 Août 1760
François-Pierre Chalumeau, 3 Août 1761
Jacques Serpaud, 17 Février 1763
Nicolas de Channe-Maron, 16 Avril 1764
Jean-Zorobabel Aublet de Maubuy, 10 Déc. 1764
Jean-François Didier, 30 Mai 1765
Henry-Auguste Falourd du Vergier, 2 Sept. 1765

Pierre Villot de Fréville, 15 Mai 1766
Alexis Devaux, 4 Mai 1767
Jacques-Claude Martin de Marivaux,
4 Janvier 1768
André-Louis-François Pellier
des Forges, 1 Août 1768
Jean Baptiste la Forest, 19 Déc. 1768
François-Pierre Fradin, 29 Mai 1769
Louis-Marie Guillaume, 31 Juillet 1769
Michel-Nicolas le Roy de S. Charles, 6 Sept. 1769
Jean-Jacques-Guillaume Seran, 9 Avril 1770
Pierre-Antoine Rudel, 10 Janvier 1771
Jacques-Joseph Millet de Gravelle, 12 Nov. 1774
Louis-Charles Monniot, 29 Novembre 1774
François-Laurent Archambault, 5 Déc. 1774
Denis de Leymerie, 12 Décembre 1774
Eustache-Nicolas Pigeau, 22 Décembre 1774
Thierry Guillaume Dufay, 16 Janvier 1775
Charles-Denis Grouvelle, 13 Mars 1775
Nicolas-Jean Santerre, 10 Mai 1775
Jean-Joseph Fabre, 7 Août 1775
Pierre-Jacq. Bonhome de Comeyras, 7 Sept. 1775
Jacques-Ambroise-Silvain Mallet, 26 Fév. 1776
Jean-François-Bonami Tripier, 22 Mai 1776
Louis-Jos. Landry de la Hautaye, 29 Juil. 1776
Jean-Pierre-Victor Feral, 13 Janvier 1777
Claude-Jacques Vautrin, 8 Mai 1777
Louis Doulcet d'Egligny, 21 Juillet 1777
Marie-Alex. Dupré de Ballay, 6 Sept. 1777
Leon d'Herbelot, 5 Février 1778
François Marnier Despeux, 4 Mai 1778

TROISIEME COLONNE.

ALbert-Laurent Beasse de la Brosse,
12 Décembre 1720

Jean-Didier des Moulins, 3 Déc. 1726
Gabriel Piet Dupleſſis, 19 Juillet 1729
Jean-Proſper DUVERT D'EMALLEVILLE,
ancien Bâtonnier, 5 Mai 1732
Jean-Michel Thirion, 27 Août 1733
Pierre Olivier Pinault, 8 Juin 1736
Nicolas-Pierre-Charles Glot, 3 Août 1737
Guillaume le Blanc de Kirby, 21 Juillet 1738
Pierre le Large, 9 Sept. 1739
François Lorry, 26 Juillet 1742
Claude-Nicolas Sanſon, 4 Janv. 1745
Pierre Marguet, 21 Nov. 1746
Jacques-Rouſſeau de la Motte, 8 Février 1748
J. B. Claude Cadet de Saineville, 4 Août 1749
Pierre Gaborit, 1 Septembre 1750
Etien. Pierre-Ger. Goudard, *Dép.* 6 Mars 1752
Dominique-Aubin de la Foreſt, 7 Sept. 1754
Denis du Rouzeau, 9 Juin 1755
Jean-Ange-Maximin Pelletier, 6 Sept. 1756
Pierre-Auguſtin Guerin de la Cour, 4 Avril 1758
René-Gilbert d'Ampol, 23 Janvier 1759
Louis-Simon Martineau, 5 Février 1760
Marie-Nicolas Pigeon, 28 Août 1760
Pierre-François le Preſtre de
Boiſderville, 28 Août 1761
Charles-Ponce Sarrot, 17 Fév. 1763
Pierre-Joſeph Renard, 21 Mai 1764
J. Ch. Ambroiſe Guillemot d'Alby, 21 Janv. 1765
Pierre-François Girouſt, 25 Juin 1765
François-Julien Alix, 5 Septem. 1765
André Parent, 30 Juin 1766
Pierre Chambert, 18 Mai 1767
Alexis-Pierre-Nicolas Coquebert, 11 Janv. 1768
Jean-Etienne Barré, 1 Août 1768
Michel Bouez Damazy, 19 Décem. 1768

Joſeph Gaillard, 29 Mai 1769
Alexandre-Sulpice Fleury, 31 Juillet 1769
Louis-Antoine Braſſeux, 6 Sept. 1769
Innocent-Lazare Mollet, 3 Mai 1770
Edme-Guillaume-Jean-Baptiſte-Bernard Leger de Monthuon, 10 Janvier 1771
Michel-Vincent Manuby, 12 Novemb. 1774
Jean-Baptiſte-Laurent le Porquier de Vaux, 29 Novembre 1774
Jean-Emmanuel Godefroy de Montours 5 Décembre 1774
Edme-Charles Perreau, 15 Décembre 1774
Jean-Bap. Prevel de la Courſiere, 22 Déc. 1774
Pierre-Nicolas le Duc, 16 Janvier 1775
Denis-François Cohin, 16 Mars 1775
François Gorguereau, 10 Mai 1775
Fr. Hyac. Ben. Vivier de la Chauſſée, 21 Août 1775
Etienne Defer, 7 Septembre 1775
André-Joſeph Abrial, 29 Février 1776
Jacques-Antoine Vagiel Daublecour, 27 Juin 1776
Jean-Michel Gerard, 2 Septembre 1776
Etienne-Edme Pajot, 20 Janvier 1777
Louis-Madelaine Merlet, 9 Mai 1777
Louis-René Chauveau, 26 Février 1778
Simon-Edme Paſqueau de S. Cyr, 26 Fév. 1778
François Roux de Laborie, 12 Mai 1781

QUATRIEME COLONNE.

JEan-Baptiſte Foreſtier, 7 Janvier 1721
Antoine Bouteix, 26 Juillet 1729
Pierre-Henri CAILLAU, *ancien Bâtonnier*, 14 Juillet 1732
Fr. Mart. Duvert de Boutemont, 12 Juillet 1734
Claude-Geneviéve Coqueley de Chauſſepierre, 11 Juin 1736

LAURENT-JEAN BABILLE, Bâtonnier, 26 Août 1737
Antoine-Jean-François Mouſſu, 24 Juillet 1738
Claude Mey, 14 Déc. 1739
François le Gras, 3 Sept. 1742
François Rapportbled, 22 Février 1745
Odot Briquet de Mercy, 29 Nov. 1746
Franç. Charpentier de Beaumont, 28 Mars 1748
Anne-Mi. Belime de Maiſonneuve, 28 Août 1749
Nicolas Doucy, 10 Janv. 1751
Fr. Marin le Prevoſt du Rivage, 23 Mars 1752
Henri-Louis de la Fortelle, *Dép.* 7 Déc. 1752
François Huet, 25 Nov. 1754
Nicolas-Jean-Bapt. Ponteau, 18 Août 1755
Joſeph-François Boullyer, 5 Sept. 1757
Pierre-Auguſtin-Marie Lohier, 11 Avril 1758
Louis-Etienne de la Rivoire, 23 Avril 1759
Marin Carouge, 12 Mai 1760
Louis-François Hochereau, 1 Sept. 1760
Jean-François Borderel, 9 Février 1762
Pierre-Paul-Nicolas Henrion de Panſey, *Dép.* 10 Mars 1763
Pierre-Léonard Grapin, 1 Juin 1764
Ch. François Bercher du Martrai, 5 Fév. 1765
Michel-Louis de la Pierre, 1 Juillet 1765
Jean Rat de la Poiteviniere, 26 Novembre 1765
Louis-François le Tellier Duvey, 13 Août 1766
Louis-François le Roi de Montécly, 15 Juin 1767
François-Théodore Regnard, 15 Janvier 1768
Pierre-Genou Franquelin des Iſles, 14 Août 1768
René Meſtiviers, 19 Déc. 1768
Charles-François Laſaudade, 5 Juin 1769
Pierre-Jean Agier, 7 Août 1769
Alexandre Lebon de la Boutraye, 7 Sept. 1769
François-Alexis-Nicolas Ferey, 8 Mai 1770
Nicolas Rathier, 15 Janvier 1771

Nicolas-Louis-Gabriel-François Riché, 12 Novembre 1774
René-Charles Bouquet, 29 Novembre 1774
Jean-Nicolas-François-Alexis Manen 5 Décembre 1774
Jean Bonal, 20 Décembre 1774
Claude-Ambroise Arvier, 24 Décembre 1774
Roch-Alexandre Vallet de Senenville, 19 Janvier 1775
Jean-Baptiste Darigrand, 16 Mars 1775
Charles-Nicolas Guillon d'Assas, 10 Mai 1775
Marie-Jean-François Duparc, 28 Août 1775
Jean-Baptiste Lemoine Desprès, 28 Nov. 1775
Louis-Ant. Laurens de Courville, 21 Mars 1776
Thimothée-Arnould Henry, 7 Juillet 1776
Pierre-Franç. du Houx de Grisoles, 12 Nov. 1776
Armand-Bernard-Honoré Brousse, 6 Fév. 1777
Laurent Marcilly, 9 Mai 1777
Jean-Charles de Singly, 18 Décembre 1777
Jean-Antoine Villedieu, 4 Février 1778
Louis Robin de Mozas, 2 Avril 1781
Guillaume Veirien, 18 Avril 1782

CINQUIEME COLONNE.

HEnry-Isaac ESTIENNE, *anc. Bât.* 21 Juill. 1721
Pierre Caillet, 3 Mars 1727
Pierre Charles POTHOUIN, *anc. Bât.* 7 Sept. 1729
André Hamot, 24 Juillet 1732
Jean Dominé de Verzet, 3 Août 1734
Jacques-Philippe Jouhannin, 9 Juillet 1736
Antoine-Philippe Blanchet, 29 Août 1737
Victor le Roux, 12 Août 1738
Etienne-Augustin Pincemaille, 14 Mars 1740
Charles-Pierre Angelesme de S. Sabin, 20 Nov. 1742
J. B. Gerbier de la Massillaye, 5 Juillet 1745

Etienne-Charles Tournois, 1 Août 1748
Jean-Baptiste Oudet, 2 Septembre 1749
Pierre-Bern. Bruhier de la Neufville, 19 Août 1751
Claude-Nicolas Collet, 20 Avril 1752
Guillaume Poncet de la Grave, 18 Déc. 1752
Henri Breton, *Dép.* 26 Nov. 1754
François Trumeau de Vozelle, 1 Décembre 1755
Pierre-François Pulleu, 5 Septembre 1757
Claude Blanchard de la Valette, 20 Avril 1758
Raym. Donnadieu de Noprats, 30 Avril 1759
Pierre Aujollet, 12 Mai 1760
François-Marie Thorel, 2 Septembre 1760
Jean-Michel Denis, 28 Mars 1763
Jean-François Jolly, 1 Juin 1764
Georges-Etienne de Courbeville, 12 Fév. 1765
Jean Saulnier, 1 Juillet 1765
Germain Truchon, 31 Décem. 1765
Melchiade-Corentin Gigot, 28 Avril 1766
Jean-François Jame, 6 Septembre 1766
Pierre-Charles-Louis Baudin, 13 Juillet 1767
Paul-Laurent Dodin, 29 Février 1768
Paulin-Louis Bercher, 18 Août 1768
Joseph-Louis-Pierre de Calonne, 2 Janvier 1769
Antoine-Claude Braquehais, 27 Juin 1769
René Motron, 7 Août 1769
Gerard Henry de Blois, 12 Nov. 1769
Pierre Dubois, 12 Nov. 1774
Pierre Courtat, 12 Novembre 1774
Mathurin Heron, 29 Novembre 1774
Claude Mitantier, 5 Décembre 1774
Hyacinthe Feart, 20 Décembre 1774
Anne-Joseph-Gilles de la Londe, 29 Déc. 1774
Simon - Jude-François-Joseph
Prevots de Lumina 22 Janvier 1775
Denis-Alexis Bizet, 23 Mars 1775

Pierre-Jacques Brunetiere, 10 Mai 1775
Laurent-Jean Babille de Prenoy, 28 Août 1775
Jean-François Burgat, 14 Décembre 1775
Nicolas Oudart, 20 Mai 1776
Louis la Cretelle, 7 Juillet 1776
Jean-François Perré, 12 Décembre 1776
François Marchand du Chaume, 17 Février 1777
Jean-Charles Thiloriez, 31 Juillet 1777
Louis de la Métherie, 11 Août 1777
Gabriel-Félix Cairol, 3 Septembre 1777
Jean-Léonard Remy de Mery, 2 Déc. 1777
Nicolas Aubertot, 22 Décembre 1777

SIXIEME COLONNE.

FRançois LE PRESTRE DE LA MOTTE, *ancien Bâtonnier*, 29 Juillet 1721
Antoine Terrasson, 13 Mars 1727
Jean-Baptiste du Verne, 10 Juillet 1730
Geraud Boudet, 5 Janvier 1733
Antoine-Etienne Cothereau, 6 Septembre 1734
Guill. Fr. Phil. de la Goutte, 12 Juillet 1736
Guy-Charles Aubry, 2 Septembre 1737
Louis-François de Calonne, 1 Sept. 1738
Charles-Jacques Boudequin de Varicourt, *Dép.* 30 Mai 1740
François-Théodore Rouhette, 24 Janv. 1743
François-Denis Tronchet, 9 Août 1745
Julien-François Boys, 29 Février 1747
Cl. Rigobert le Febvre de Beauvray, 6 Août 1748
Pierre-Claude Duret, 1 Déc. 1749
Fr. Laur. Dominique Sionnest, 23 Août 1751
Jean-Baptiste-Jacques Elie de Beaumont, *Dép.* 12 Mai 1752
Franç. Camille le Moine d'Herly, 7 Sept. 1754
Jean-Sim. Aved de Loizerolles, 26 Nov. 1754

Jacques-François le Prestre, 8 Janv. 1756
Pierre-Richard-François Gudin, 5 Sept. 1757
François-Louis Hutteau, 19 Juin 1758
Claude-Christophe Courtin, 18 Juin 1759
Joseph-François Malingrey, 17 Juin 1760
Pierre Ader, 6 Septembre 1760
Jacques-Michel Canuel, 5 Juillet 1762
Charles-Borromée Boutroux de Monteresson, 1 Août 1763
Antoine des Granges, 5 Juillet 1764
Louis-Claude Rimbert, 1 Avril 1765
Guillaume-François-Roger Molé, 1 Juillet 1765
Jean-Louis Grenier, 31 Décem. 1765
Roch-Henry Prevost de S. Lucien, 3 Fév. 1767
Alexandre-Fr. Laurent le Poitevin, 3 Août 1767
Jean-Charles Magnien du Planier, 3 Mars 1768
Mathieu-Firmin Guyard, 18 Août 1768
Bon-Thomas Pelé, 5 Janvier 1769
Augustin-Jean-Louis Doulcet, 10 Juillet 1769
Eugene Hardouin de la Reynerye, 9 Août 1769
Jean-Mathias Satens, 11 Décembre 1769
Denis Foisy de Tremont, 16 Juillet 1770
François Dominique de Lavaux, 12 Nov. 1774
Charles-Pierre le Paige, 14 Novembre 1774
Nicolas Hennebert, 1 Décembre 1774
Jacques-Ant. Creuzé de la Touche, 5 Déc. 1774
Jean-Bap. Nic. Canet de Selincourt, 20 Déc. 1774
Nic. Jos. Vivier de Launay, 29 Novembre 1774
Jean-Charles Maucler, 6 Février 1775
Ambroise-Guillaume-Geraud Boudet, 6 Avril 1775
Honoré-François Chery, 31 Août 1775
Salomon-Antoine Melin, 18 Décembre 1775
Louis-Pierre-Etienne Caffart de Villeneuve, 29 Mars 1776
Antoine-Elisabeth Erard Mollien, 8 Juillet 1776

Charles-Pierre-Michel Foreſtier, 16 Déc. 1776
Jacques-René Mortier du Parc, 20 Fév. 1777
Sébaſtien Epoigny, 14 Juillet 1777
Jean-Louis Sarradin, 28 Juillet 1777
Jean-Charles Bitouſé des Linieres, 1 Janvier 1778
Jean-Dominique Thirria de Valſene, 2 Avril 1778
Jean-B.-Fr.-Joſ. Fleury d'Aſſigny, 8 Mai 1778

SEPTIEME COLONNE.

JAcques-Florimond Dieres, 4 Août 1721
Antoine-Gaſp. Boucher d'Argis, 3 Juillet 1727
Ponce Bazin, 7 Août 1730
Louis-François Bordier, 6 Sept. 1734
François-René Allouard, 16 Juillet 1736
Louis-Nic. Clement de Malleran, 5 Sept. 1737
Bert. L. le Camus d'Houlouve, *Dép.* 11 Mai 1739
Claude-François Michel, 11 Août 1740
Etienne-René Viel, 29 Juillet 1743
Jacques-François-Henri Doillot, 13 Déc. 1745
Pierre Giſſey de Fontenay, 7 Mars 1747
Jean-Baptiſte Bouſſenot, 12 Août 1748
Guillaume Finken d'Autemarche, 1 Déc. 1749
Jean-Bapt. Michel Mauduiſon, 30 Août 1751
Guy-Jean-Baptiſte Target, *Dép.* 6 Juillet 1752
Jean-Etienne le Sage, 7 Sept. 1754
Alexandre-Ceſar-Michel Perron, 26 Nov. 1754
François-Michel Vermeil, 12 Janv. 1756
André Rat de Mondon, 6 Sept. 1757
Pierre-Geoffroy Chatelain de Lorgemont, 24 Juillet 1758
Claude-Bart. le Preſtre de la Motte, 3 Sept. 1759
Pierre-Claude-Simon Pelletier, 3 Juillet 1760
Jean Blondel, 12 Nov. 1760

Pierre-Marie-Elis. Phelipeaux, 18 Août 1763
Jean-Nicolas Durand, 23 Juillet 1764
Louis Laus de Boissy, 1 Avril 1765
Jean-Joseph Léon, 9 Juillet 1765
Armand-François de Thesigny, 2 Janvier 1766
Charles-Pierre Bourgoin, 7 Mars 1767
Jacques-Joseph Dartis de Marcillac, 9 Mars 1768
Charles-Claude Montigny, 26 Juil. 1768
Charles Minier, 22 Août 1768
Pierre-Augustin Hemeri, 16 Janvier 1769
Pierre-François-Jean Desfontaines, 10 Juil. 1769
Pierre-François Bogne, 2 Août 1769
François Brisse, 18 Déc. 1769
Pierre-Charles-Marin Fournier, 23 Juillet 1770
Pierre Bernier, 12 Nov. 1774
Jacques de la Vigne, 21 Novembre 1774
Pierre-Franç.-Paul Berni d'Ouville, 1 Déc. 1774
P. Claude de Launay Lebled, 20 Décembre 1774
Jacques Parisot, 7 Janvier 1775
Bon-Claude Cahier de Gerville, 16 Février 1775
Robert-Etienne de Villantroys, 10 Avril 1775
Claude-Michel Brodon, 31 Août 1775
Antoine-Nicolas Hugot, 18 Décembre 1775
Pierre-Jean-Baptiste Broyart, 1 Avril 1776
Pierre-Auzonne Chancel, 8 Juillet 1776
Alexandre-Marie Millin, 16 Décembre 1776
François-Samuel Fromentin, 3 Mars 1777
Marc-Guillaume Cathala, 21 Juil. 1777
Louis-Michel Savy, 21 Juil. 1777
Jean-Louis-Antoine Lebel, 25 Novembre 1777
Nicolas-Denis Mascrey de la Haye, 24 Février 1778
Marin Levacher de la Terriniere, 4 Mars 1778
George-André Berrier des Cadioux, 9 Mai 1778

HUITIEME COLONNE.

JEan-Baptiste BOIS DE MAISONNEUVE,
ancien Bâtonnier, 27 Août 1723
Jean-Henry Marchand, 5 Février 1728
Nicolas LE FÉBVRE DE DAMPIERRE,
ancien Bâtonnier, 29 Août 1730
Alexandre Laudier Duparq, 6 Juillet 1733
Pierre Esbrard, 1 Mars 1735
Jacques-Mathurin Colombeau, 22 Juillet 1736
François-Martin Frenot, 16 Déc. 1739
Antoine Langlet, 1 Juin 1737
Christophe-Henry Pelart, 22 Août 1740
Jean-Baptiste Flaust, 1 Juin 1744
Nicolas-Antoine Douet d'Arcq, 17 Janv. 1746
Jean-Edilbert Maucler, 1 Juillet 1747
Jean Dumortous, 28 Août 1748
Claude Saintin le Blan, 22 Déc. 1749
Marie-Philippe-Auguste Belot, *Dép.* 6 Sept. 1751
Antoine-Louis de Laune, 6 Juillet 1752
Jean-Baptiste-François Guyet, 7 Sept. 1754
Jean-Baptiste Vulpian, 2 Décembre 1754
Joseph-Firmin le Boucher, 24 Fév. 1756
Philippe du Mouchet, 6 Octobre 1757
Jacques Costard, 17 Août 1758
Nic. Al.-Herbault Despavaux, *Dép.* 3 Sept. 1759
Armand-Gaston Camus, 21 Juillet 1760
René Gaultier du Breil, 29 Décem. 1760
Jerôme Melaine le Gentil de
Kermoisan, 31 Août 1762
Thomas-Laurent Mouricault, 18 Août 1763
Jean-Nicolas Thiercelin, 23 Juillet 1764
Joseph la Caze, 15 Avril 1765
Rigobert-Simon Marmotant, 15 Juillet 1765
Victor-Sim. Œillet de S. Victor, 16 Janv. 1766

Jacques Aubery des Fontaines, 12 Mars 1767
Spire Loreau, 11 Août 1767
Pierre Bergeras, 24 Avril 1768
Claude-Pierre Rousseau, 29 Août 1768
Jean Plaisant de la Houssaye, 8 Février 1769
Antoine-François-Nicolas le Vasseur, 10 Juil. 1769
Alexandre-Jules-Benoît de Bonnieres, 4 Sept. 1769
Philippe Forez, 19 Déc. 1769
Nicolas Doucet, 23 Août 1770
Robert-Thomas-François Jodon de Valtire, 12 Novem. 1774
Joseph de la Croix de Frainville, 29 Nov. 1774
François Briquet de Lavaux, 1 Déc. 1774
Jean-Baptiste-Jacques Fontaine, 5 Déc. 1774
Henry Menuau de Villeneuve, 20 Décembre 1774
Jean Dalleas, 9 Janvier 1775
Pierre-Joseph Cauvin, 20 Février 1775
Jean-Claude-Michel Mordan de Launay, 10 Avril 1775
Antoine-Simon Lambert, 27 Juin 1775
Louis-Marie Cauche, 4 Septembre 1775
Pierre-Cecile Nau, 18 Décembre 1775
Charles-Pierre Bosquillon, 1 Avril 1776
Charles-Jacques Lhomme, 8 Juillet 1776
Henri-Victor Caffiery, 30 Décembre 1776
Marguerite-Louis-François du Port-du-Tertre, 20 Mars 1777
Antoine-Nicolas Douet d'Arcq, 6 Juil. 1777
Jean-Baptiste Leger, 7 Août 1777
Michel Barbier, 16 mars 1778

NEUVIEME COLONNE.

Michel-J. B. de Belly de Bussy, 10 Juillet 1724
Nicolas de Mouchy de Sachy, 19 Juillet 1728
Denis-Nicolas Delpech, 10 Juillet 1731

Gabriel-Nicolas Maultrot, 6 Juillet 1733
Jean-Jacques le Mariey, 11 Juillet 1735
Silvain Prunget des Boissieres, 3 Sept. 1736
Pierre Roussel, 6 Fév. 1738
André-Jacques Vancquetin, 16 Juin 1739
Claude Grau, 12 Décembre 1740
Pierre-François Dandasne, 1 Juin 1744
Claude-André Reynaud, *Dép.* 21 Mai 1746
Pierre-Jean-George Caillere de l'Etang, 21 Juillet 1747
Dan. Ant. Boureau de Beausejour, 29 Nov. 1748
Jean-Henri Dorival, 23 Février 1750
Pier. Claud. le Moine de Grandpré, 6 Sept. 1751
Pi. Cl. Ja. Lemouton de Nehou, *Dép.* 17 Juillet 1752
Nicolas Damien de Blancmur, 7 Sept. 1754
Louis le Roi, 3 Déc. 1754
Jean-Baptiste-Charles Charon de Saint Charles, 12 Juillet 1756
Antoine Tessier du Breuil, 21 Nov. 1757
François Bruys, 7 Sept. 1758
Gilles Boucher de la Richarderie, 3 Sept. 1759
Charl. Pierre-Didier Desmoulins, 28 Juil. 1760
Jacques Cyalis de Lavaud, 18 Mai 1761
Louis-Charles Fera, 6 Sept. 1762
Antoine-Nicolas Jaillant, 12 Novembre 1763
Nicolas Bouillerot de Chanvallon, 9 Août 1764
Den. Mart. Corteuil de Maupas, 30 Avril 1765
Cyprien-Athanase Lasseray, 15 Juillet 1765
Etienne-Firmin d'Auterive, 7 Avril 1766
Joseph-Louis le Comte, 27 Août 1767
Jean-Baptiste de Monho, 31 Mai 1768
Joseph-Vincent de la Croix, 30 Août 1768
Jean-André Arsandaux, 20 Février 1769
Jean-Baptiste-François Bayard, 17 Juillet 1769
Hilaire-Joseph Hubert de Matigny, 4 Sept. 1769

Germain Hulot, 19 Février 1770
Pierre Fournier de la Chenaye, 27 Août 1770
Louis-Jacques Boudeau, 12 Nov. 1774
François-Antoine Marguet, 29 Novembre 1774
Jacques-Michel Brulley, 5 Décembre 1774
Jean-Baptiste-Etienne-Benoist Soreau 12 Décembre 1774
Pierre-Raphael Gason, 20 Décembre 1774
Jean-Baptiste-François Beguin, 9 Janvier 1775
Jean-Philippes Garran de Coulon, 23 Fév. 1775
Claude Royer, 4 Mai 1775
Guillaume Vincendon, 6 Juillet 1775
Jean-Baptiste-Franç. Noël de Jouy, 7 Sept. 1775
Edme-Marguerite Lauvin de Montplaisir, 25 Janvier 1776
Jacques-Edme Fleury de Villiers, 25 Avril 1776
Jacques Sannier, 30 Décembre 1776
Nicolas Bouchard, 24 Mars 1777
Julien-michel Dufour, 20 Juil. 1777
Charles marteau, 4 Août 1777
Louis Darbieu, 6 Septembre 1777
Auguste-François Valladon de Boigny, 29 Décembre 1777
Gaspard-Joseph-Amand Ducher, 15 Avril 1779
Etienne Polverel, 6 Mai 1780

DIXIEME COLONNE.

JEan-François Bouju, 4 Sept. 1721
Louis-Thomas d'Audebert, 10 Juillet 1731
Louis-Adrien le Paige, 9 Juillet 1733
François-Anselme Maignan de Savigny, 12 Juillet 1735
Florent Travers, 3 Sept. 1736
Pi. Dephelines de la Chartonniere, 7 Avril 1738
Pierre Desparviés, 6 Juillet 1739

Toussaint Collard, 29 Mai 1741
Jean-Charles Gervaise, 8 Juin 1744
Jean-François Limanton, 7 Juillet 1746
Jean-Louis Godart de Sergy, *Dép.* 4 Sept. 1747
Louis-Joseph de Petigny, 12 Déc. 1748
Alexis-Louis Guerin de la Brehardiere, 10 Mars 1750
Jean-François Dufour, 6 Septembre 1751
Christophe-J. F. Beaucousin, 7 Août 1752
Thomas-Anne Carteron, 7 Sept. 1754
Claude-François Lochard, 17 Déc. 1754
Henry Brouillet de l'Estang, 26 Juillet 1756
Pier. Louis Memmie de la Fourniere, 5 Déc. 1757
Jean-Baptiste Boullemer de la Martiniere, 27 Nov. 1758
Marie-Et. Ysabeau de Villarceau, 6 Sept. 1759
Jean-Baptiste-Michel Estienne, 4 Août 1760
Jean-Baptiste Treilhard, 12 Juillet 1761
Louis-Claude Picard, 17 Janvier 1763
François-Michel Gaignant, *Dép.* 22 Août 1763
Joseph-Madeleine Colette, 23 Août 1764
Alexis-Jean-Baptiste Durot, 9 Mai 1765
Jean-Hilaire Billard, 5 Août 1765
Jacques-Charles Durand de Miremont, 3 Mai 1766
Paul Porcher, 27 Avril 1767
Mathieu-Joseph Gandolfe, 31 Déc. 1767
Louis-Bon Asport, 12 Juillet 1768
And. Et. Maignan de Champromain, 7 Sept. 1768
André Blonde, 14 Mars 1769
Jacques Therion, 27 Juillet 1769
Jacques-François Brunet, 5 Septembre 1769
Jean-François-Pierre Levasseur, 20 Février 1770
Leonard Robin, 4 Septembre 1770
Charles-Gerard Dauphinot, 12 Nov. 1774
Gaspard-Gilbert de la Malle, 29 Novembre 1774

Jean-

Jean - Baptiste - Pierre Follenfant de la Douve, 5 Décembre 1774
Nicolas-Antoine Linguet, 12 Décembre 1774
Pierre-Louis-Nicolas Husson des Broutieres, 20 Décembre 1774
Pierre le Cousturier, 16 Janvier 1775
Jean-Etienne Poirier, 2 Mars 1775
Charles-Edme Brouet, 9 Mai 1775
Antoine-Pierre-Marie Dubois de Moulignon, 6 Juillet 1775
André-Jean de la Roque, 7 Septembre 1775
Jac. François-Xavier-Marie Savy, 12 Févr. 1776
Ponce le Laurain, 10 Mai 1776
Jacques-René Ferré, 22 Juillet 1776
Mathurin-Pierre Jozeau, 30 Décembre 1776
Louis-François Feval, 5 Mai 1777
Charles-Paul-marie Giquel, 14 Juillet 1777
Jean-François Dubois de Niermont, 12 Janvier 1778
Jean-Charles Bayeux, 5 mai 1778
Pierre-Henri Mathieu, 8 Mai 1780

Signé BABILLE, Bâtonnier.

ARRÊT
DE LA COUR DE PARLEMENT,

Portant Réglement pour la fonction des Avocats & Procureurs de la Cour.

Du 17 Juillet 1693.

Extrait des Regiſtres du Parlement.

CE jour les Gens du Roi ſont entrés, & Maître Chrétien-François de Lamoignon, Avocat dudit Seigneur Roi, portant la parole, ont dit, que le Roi ayant rétabli par ſa Déclaration du mois de Mai dernier, les Droits de Reviſion & de Conſeil des Procureurs de la Cour, qui avoient été abrogés par l'Ordonnance de 1667, les Avocats & Procureurs, ſuivant les ordres de ladite Cour, avoient conféré enſemble pour regler leurs fonctions conformement aux anciens Réglemens, & avoient dreſſé des Articles qui marquent les écritures que les uns & les autres doivent faire, & celles qu'ils peuvent faire par concurrence: Que les Articles leur ayant été mis entre les mains par le Bâtonnier des Avocats & par les Procureurs de Communauté, pour les préſenter à la Cour, ils avoient cru être obligés, pour maintenir la diſcipline du Palais, & regler la maniere & ſur quoi les Procureurs percevroient les Droits de Reviſion & de Conſeil, d'y ajouter quelques Articles qu'ils ont laiſſés ſur le Bureau, ſignés du Procureur Général du Roi, & aprés avoir supplié la Cour d'ordonner sur ces Articles ce qu'Elle jugeroit à propos pour le bien de la Justice, ils se sont retirés. Vu lesdits Articles, oüi le rapport de Maître Jean le Boindre, Conseiller : la matière mise en délibération.

LA COUR a ordonné & ordonne que, suivant ce qui a été convenu entre les Avocats & les Procureurs de ladite Cour, les Avocats feront les griefs, causes d'appel, moyens de Requête civile, réponses, contredits, salvations, avertissemens, dans les matieres où il sera nécessaire d'en donner, & les autres écritures qui sont de leur ministère : Les Procureurs, les inventaires, causes d'opposition, productions nouvelles, comptes, brefs-états, déclarations de dommages & intérêts, & autres écritures de leur fonction; & les Avocats & Procureurs par concurrence entr'eux, les débats, soutenemens, moyens de faux, de nullité, reproches & conclusions civiles. Fait défense aux Procureurs de plus faire aucunes écritures du ministère des Avocats, même par Requête.

Ordonne que les Ecritures du ministère des Avocats n'entreront point en taxe, si elles ne sont faites & signées par un Avocat, de ceux qui seront inscrits dans le Tableau qui sera présenté à la Cour par le Bâtonnier des Avocats; qu'il n'y aura que ceux qui sont actuellement la profession d'Avocat qui pourront être inscrits dans le Tableau, & qu'ils ne pourront faire d'Ecritures, qu'ils n'ayent au moins deux années de fonctions.

Fait défense aux Avocats de signer des écritures qu'ils n'auront point faites, ni de traiter de leur honoraire avec les Procureurs, à peine contre les Avocats qui en seront convaincus, d'être rayés du Tableau, & contre les Procureurs d'interdiction pendant six mois pour la premiere fois, & pour la seconde fois d'interdiction pour toujours. Enjoint aux Avocats de conserver les minutes des écritures qu'ils auront composées, & d'apporter dans leur composition toute la brieveté & la netteté qui leur sera possible. Ordonne que le procès sera fait à ceux qui auront supposé ou contrefait la signature des Avocats, & qu'ils seront punis selon la rigueur des Ordonnances. Fait très-expresses inhibitions & défenses aux Procureurs de compter à leurs Parties aucunes écritures du ministère des Avocats, si elles n'ont été faites par eux; & aux Procureurs-tiers qui seront en exercice, de les taxer, à peine d'en répondre en leurs noms. Et à l'égard du Droit de Revision, ordonne que les Procureurs ne le pourront prendre que sur les écritures qui auront été faites & signées par les Avocats conformément au présent Réglement, & qu'ils seront tenus de marquer dans les copies qu'ils en feront signifier, les noms des Avocats qui les auront faites; qu'ils ne prendront le Droit de Conseil que sur les renvois, fins déclinatoires, titres & piéces à communiquer, défenses, repliques, moyens d'oppositions, Requêtes en jugeant, ou communiquées à Partie, sur les Requêtes incidentes portées aux Audiences, sur le décès de la Partie, & sur la reprise; & que conformément au Réglement du 28 Août 1665, le Droit de Conseil sera seulement de quinze sols pour chaque Conseil. Leur fait défenses de passer en taxe, ni de souffrir qu'il soit compté aux Parties des dires inutiles dans les Requêtes, & principalement dans celles de *Viennent*, ni que sur un dire il soit pris un Droit de Conseil. Enjoint au Bâtonnier des Avocats, & aux Procureurs de Communauté d'informer soigneusement la Cour des contraventions qui ſeront faites au préſent Réglement, pour être par Elle fait droit ſur leurs plaintes, après qu'elles auront été communiquées au Procureur Général du Roi. Ordonne que le préſent Arrêt ſera lû & publié en la Communauté des Avocats & Procureurs de ladite Cour. FAIT en Parlement le dix-ſeptiéme Juillet 1693. *Signé*, DONGOIS.

Lû & publié à la Communauté des Avocats & Procureurs de la Cour, le vingt-troiſiéme Juillet mil ſix cent quatre-vingt-treize. Signé, FEVRIER.

ARRÊT CONTRADICTOIRE,

Qui juge que le Procureur qui a fait faire les Écritures de ſes Parties, quoique par leur ordre, par un Avocat qui n'eſt point ſur le Tableau, ne peut point avoir contre eux de droit de Reviſion.

Extrait des Regiſtres du Parlement.

ENTRE Maître Charles de Dauve, Avocat en la Cour & Bailli de Joigny, & Maître Charles Saulnier, Elu en l'Election de Joigny, Appellans de la taxe & exécutoire des frais, ſalaires, vacations & deniers débourſés, décerné en la Cour le 16 Mai dernier, d'une part . . . . . . & Maître François Allard, Procureur en la Cour, en ſon nom, Intimé, d'autre . . . . . Après que Maître Louis Euffroy, Avocat en la Cour & Bâtonnier des Avocats, a fait ſon rapport au Parquet des Gens du Roi, où Allard, Procureur en ſon nom, & François Paraſtre, Procureur des Appelans, ont été mandés & entendus, & que ledit Allard a répréſenté les Lettres des Appellans, par lesquelles il se voit que ce sont eux qui ont chargé ..... de qui les Ecritures en question sont signées, pour faire lesdites Ecritures, quoiqu'il ne fût point sur le Tableau des Avocats de la Cour ..... Et après que Parastre, Procureur de Dauve & Saulnier, a demandé la réception de l'appointement, avisé au Parquet, & paraphé de le Nain pour le Procureur Général du Roi, & signifié le 4 Septembre dernier à Allard, Procureur ..... LA COUR ordonne que l'appointement sera reçu, & suivant icelui a mis & met l'appellation, & ce dont a été appellé au néant, en ce que les Droits de Révision, copie & signification des Ecritures signées..... & dont est question, ont été comprises dans la taxe & exécutoire ..... Emendant quant à ce, décharge les Appellans desdits Droits ..... Ordonne que la somme à laquelle ils se montent sera distraite dudit exécutoire; .... Et au surplus, si plus y a, ledit exécutoire sera exécuté, dépens compensés. ..... FAIT en Parlement le 7 Septembre 1709. Collationné. *Signé*, GUIHOU, avec paraphe, & signifié à Me Allard, Procureur, le 26 Octobre ensuivant.

EXTRAIT D'UN ARRÊT

DE LA COUR DU PARLEMENT,

Concernant l'impression des Mémoires & Factums.

Du 26 Mai 1713.

LA COUR faisant droit sur les conclusions du Procureur Général du Roi, &c.

Ordonne que les Arrêts & Réglements de la Cour, concernant l'impreſſion des Mémoires & Factums, ſeront exécutés ; fait défenſes à tous Libraires & Imprimeurs d'imprimer aucuns Factums ou Mémoires qu'ils n'ayent entre leurs mains la Copie ſignée d'un Avocat inſcrit ſur le Tableau des Avocats, ou d'un Procureur, à peine de trois mille livres d'amende, & de plus grande peine s'il y échet ; ordonne que le préſent Arrêt ſera lu, publié, par tout où beſoin ſera, & enregiſtré ſur les Regiſtres de la Communauté des Libraires & Imprimeurs, à la diligence des Syndics. Fait en Parlement, le 26 Mai 1713.

ARREST

DE LA COUR DE PARLEMENT,

Qui ordonne que l'Arrêt de Reglement du 27 Juillet 1693 ſera exécuté : Fait défenſes aux Procureurs de faire des Ecritures du miniſtère des Avocats, même par Requête, & aux Avocats de ſigner des Ecritures qu'ils n'auront pas faites.

Du 23 Juillet 1727.

Extrait des Regiſtres du Parlement.

Ce jour les Gens du Roi ſont entrés, & ont dit : Que Me. Abraham Groſteſte, Bâtonnier des Avocats, demandoit d'être entendu ſur un fait de diſcipline qui intéreſſe leur Ordre, & bleſſe la diſpoſition des Réglemens; Lui mandé, & entré avec les Procureurs de Communauté, a dit à la Cour : Que les dispositions de l'arrêté par Elle fait le 17 Juillet 1693, conformément à l'Ordonnance de 1667, & aux anciens Réglemens, souffrant des infractions fréquentes & très-opposées au bien de la Justice, il étoit obligé de supplier la Cour de l'entendre sur des contraventions évidentes aux deux parties de ce Réglement, qui se sont trouvées dans un Procès, desquelles il a été averti par la vigilance du Procureur Général du Roi, qui, lors de la communication de ce Procès au Parquet, ayant découvert ces contraventions, lui en a fait remettre les piéces justificatives : Que ce Réglement contient deux parties ; l'une défend aux Procureurs de faire aucunes Ecritures du ministère des Avocats, même par Requête : Que cette premiere partie n'est pas celle qui excite le plus le zèle qu'il doit à sa fonction ; les Procureurs proposant pour excuse générale, que l'exécution litterale du Réglement retarderoit les Procès, & qu'ils sont souvent obligés de travailler pour des pauvres Parties : excuse frivole, non-recevable, & en quelque maniere injurieuse aux Avocats, qui donnent notoirement dans toutes les occasions, des preuves de leur désintéressement, en se faisant honneur de s'employer pour les Parties qui méritent véritablement d'être soulagées, s'assemblant même toutes les semaines en leur Bibliotéque, où se trouvent les plus capables d'entr'eux pour y écouter les affaires qui leur sont exposées par tous ceux qui s'y présentent à titre d'indigence, & pour leur donner tous les secours dont ils ont besoin : Que la seconde partie de ce Réglement intéresse d'autant plus les Avocats, qu'elle regarde directement l'honneur & la probité attachés à leur Profession. Elle porte des défenses aux

Avocats de ſigner des Ecritures qu'ils n'auront point faites, ni de traiter de leurs honoraires avec les Procureurs, à peine contre les Avocats qui en ſeront convaincus, d'être rayés du Tableau, & contre les Procureurs, d'interdiction pendant ſix mois pour la premiere fois, & pour la ſeconde d'interdiction pour toujours : Que les preuves de la contravention à cette partie du Réglement ſont toujours difficiles, l'Avocat & le Procureur qui y tombent ayant un égal intérêt de ſe cacher : & que c'eſt ce qui cauſe que MESSIEURS, qui ſont chargés des Inſtances & Procès pour les rapporter, ſe trouvent ſouvent accablés d'un nombre prodigieux d'Ecritures qui ne ſont pour la plupart que des redites & répétitions ; mais qu'aujourd'hui la conviction parfaite contre ceux qui ont contrevenu aux ſages diſpoſitions des Arrêts de la Cour, l'engageoit à demander un exemple capable de retenir ceux qui pourroient tomber dans ces fautes : Que pour exciter la Cour à employer ſon autorité, en cette occaſion, il ſuffit de dire, que non-ſeulement D... Procureur a fait, dans ce Procès dont il s'agit, quantité d'Ecritures en forme de Requêtes d'emploi pour Griefs, & pour autres Ecritures qui ſont du miniſtère de l'Avocat, mais qu'il y a fourni des Ecritures, en la forme de celles des Avocats, qu'il a fait ſigner par le nommé Michelarme, lequel convaincu pluſieurs fois d'avoir ſigné des Ecritures qu'il n'avoit point faites, a été, par le concours général des avis de ceux qui compoſent l'Ordre des Avocats, rayé du Tableau : Contravention d'autant plus inexcuſable, que Michelarme a prêté ſa ſignature après qu'il a été averti, que le mauvais uſage par lui fait d'une Profeſſion qui ne doit point ſouffrir de tache, l'avoit rendu indigne de la continuer. Que la gloire du Barreau de cet auguste Parlement, toujours relative à la protection que la Cour veut bien lui donner, servant d'émulation à tous ceux qui faisant la Profession d'Avocat dans les Tribunaux Souverains du Royaume, prennent pour leur modele, l'exactitude avec laquelle la pureté & la noblesse de la Profession d'Avocat se conservent sous la protection de la Cour, il osoit espérer qu'elle confirmera ce Réglement du 17 Juillet 1693, qu'elle fera de nouvelles défenses aux Avocats de signer des Ecritures qu'ils n'ont point faites, & de faire aucunes pactions avec les Procureurs pour leurs honoraires; & que pour la contravention commise par lesdits D.... & Michelarme, D... demeurera interdit pour six mois, & que la radiation de Michelarme du Tableau demeurera.

Les Procureurs de Communauté ont dit: Qu'ils demandoient acte de ce qu'ils adhéroient à la représentation dudit Bâtonnier, & qu'ils n'entendoient point approuver la conduite dudit D.... ni les moyens dont il s'étoit servi pour se justifier.

Les Gens du Roi, Maître Pierre Gilbert de Voisins, Avocat dudit Seigneur Roi, portant ensuite la parole, ont dit: Qu'après la plainte qui vient d'être portée à la Cour, & le compte qu'on vient de lui rendre, avec autant d'exactitude que de zèle, ils ne peuvent que la supplier d'arrêter par un exemple nécessaire, un désordre qui n'est que trop fréquent au Palais.

Que dans l'occasion qui se présente, il se trouve deux contraventions aux Réglemens, également constantes & dont ils ont connoissance par eux-mêmes. La premiere est, qu'il y a des Ecritures signées par un Avocat qui ne les a pas composées, ainsi que le Procureur & lui en conviennent. La seconde, que le Procureur a fait par Requêtes, sans ministère d'Avocat, les autres Ecritures du Procès, Griefs, Contredits, en un mot, toutes les Ecritures les plus expressément réservées à la fonction des Avocats.

Que ces deux genres de contraventions sont condamnés par le Réglement solemnel de la Cour du 17 Juillet 1693, qui non-seulement défend aux Procureurs de faire aucunes Ecritures du ministère des Avocats, même par Requête; mais de plus fait défense aux Avocats de signer des Ecritures qu'ils n'auront point faites, & de traiter de leur honoraire avec les Procureurs, à peine contre les Avocats d'être rayés du Tableau, & contre les Procureurs d'interdiction pour six mois la premiere fois, & d'interdiction à perpétuité la seconde.

Qu'à l'égard de Michelarme qui a signé, il a subi dès-à-présent cette peine, son nom ayant été retranché du dernier Tableau qui a paru, sur la connoissance que l'on eut alors de l'habitude où il étoit de tomber dans ce genre de contravention; mais qu'à l'égard du Procureur, ils ne peuvent se dispenser de requérir contre lui la peine de l'interdiction.

Qu'ainsi ils estiment qu'il est du devoir de leur ministère de demander à la Cour, qu'il lui plaise de renouveller dans cette occasion la disposition du Réglement du 17 Juillet 1693; ordonner en conséquence que les Ecritures, dont il s'agit, ne pourront entrer en taxe, & que D.... Procureur, pour la contravention par lui commise, demeurera interdit de ses fonctions pendant tel tems qu'il plaira à la Cour: Se rapportant à sa prudence sur ce qu'elle pourroit juger à propos de faire à l'égard de l'Avocat qui, comme ils ont eû l'honneur de le dire, n'a point été inscrit sur le dernier Tableau arrêté de concert avec eux ; & la matiere sur ce mise en délibération :

LA COUR, sur la représentation du Bâtonnier des Avocats, faisant droit sur les conclusions des Gens du Roi, a arrêté & ordonné, que l'Arrêt de Réglement du 17 Juillet 1693 sera exécuté selon sa forme & teneur : En conséquence fait défenses aux Procureurs de faire aucunes Ecritures du ministère des Avocats, même par Requête : Fait pareillement défenses aux Avocats de signer des Ecritures qu'ils n'auront point faites. Ce faisant, ordonne que les Ecritures dont est question ne pourront entrer en taxe ; a interdit ledit D . . . Procureur, de ses fonctions pendant trois mois : Ordonne que Jacques-François Michelarme demeurera rayé du Tableau ; & que le présent Arrêt sera lû & publié en la Communauté des Avocats & Procureurs de ladite Cour, & inscrit sur les Registres de ladite Communauté. FAIT en Parlement le vingt-troisiéme Juillet mil sept cent vingt-sept. *Signé*, DUFRANC.

EXTRAIT DES REGISTRES de Parlement.

Du Mercredi 5 Mai 1751 du matin.

MONSIEUR LE PREMIER PRESIDENT.

CE jour les Gens du Roi sont entrés en la Cour, & Maître Louis-François de Paule le Febvre d'Ormesson, Avocat dudit Seigneur

Roi, portant la parole : Ils ont dit, que le Bâtonnier des Avocats étoit au Parquet des Huissiers, & demandoit à être entendu ; & à l'instant ledit Bâtonnier mandé & entré en la Cour, & ayant été placé au premier Barreau du côté du Greffe, il a dit, en présence des Gens du Roi, qu'aux termes de l'Arrêt de Réglement du dix-sept Juillet mil six cent quatre-vingt-treize, il étoit nécessaire qu'un Avocat qui se présentoit pour être inscrit sur le Tableau, eût fréquenté le Barreau pendant l'espace de deux années, & qu'il fit actuellement la Profession d'Avocat ; que depuis cet Arrêt différens abus s'étoient introduits ; que l'on avoit inscrit sur le Tableau des Avocats qui ne se destinoient point sincérement à la Profession d'Avocat, qui ne l'avoient point exercée depuis, ou qui l'avoient exercée depuis d'une maniere prohibée par les Réglemens & contraire au bien public : Que des Clercs qui n'avoient point rempli le temps pour être reçus Procureurs, avoient trouvé le secret de se faire inscrire sur deux Tableaux, quoiqu'ils n'eussent jamais fait la Profession d'Avocat ; qu'ils avoient prétendu profiter du privilége accordé par le Réglement de la Cour, lequel dispensoit ceux qui avoient été sur deux Tableaux, & qui avoient fait la Profession d'Avocat, de dix années dans des Etudes de Procureurs ; que l'on avoit inscrit à la suite du Tableau, des Avocats qui n'avoient point encore deux années de réception, & enfin que l'on voyoit actuellement sur le Tableau plusieurs Avocats inconnus qui n'avoient point de domicile à Paris, ou qui avoient accepté des Emplois incompatibles avec la Profession d'Avocat ; que ces abus excitant des plaintes de toutes parts, on ne pouvoit trop s'empresser de détruire de mauvais usages contraires à l'intention de la Cour, & à la noblesse de la Profession d'Avocat : Pourquoi il croyoit devoir proposer à la Cour d'ordonner que l'on ne pourra plus être inscrit sur le Tableau, qu'après quatre années de fréquentation du Barreau, dont l'on sera tenu de rapporter des certificats signés par six Avocats qui seront indiqués par le Bâtonnier ; que nul ne pourra être inscrit sur le Tableau, s'il ne fait la Profession d'Avocat, & s'il n'a un domicile certain & connu à Paris : Ordonner pareillement qu'à l'avenir il n'y aura aucune liste à la suite & séparée du Tableau, contenant les noms de ceux qui n'auront pas fait leurs quatre années d'épreuves. Ensuite les Gens du Roi ayant pris la parole, ils ont dit : Que depuis quelques années, le nombre des Avocats inscrits sur le Tableau étoit augmenté considérablement ; que dans une si grande multitude de Sujets, il ne s'en trouvoit toujours que trop de ceux qui sont peu capables de soutenir l'honneur du Barreau, & qui s'attirent plutôt les plaintes que la confiance du Public ; que pour maintenir une meilleure discipline, & pour conserver la pureté d'une Profession aussi distinguée par la probité que par la doctrine de ceux qui l'exercent, il étoit bon d'apporter plus d'attention que jamais au discernement des Sujets qui y seroient reçus, & de remédier aux facilités à la faveur desquelles on trouvoit entrée au Barreau sans y être bien connu : Que pour cet effet les Avocats demandoient à la Cour un nouveau Réglement qui se réduiroit à quatre points principaux. 1°. De prolonger le temps d'épreuve nécessaire avant d'être inscrit sur le Tableau ; qu'on pourroit étendre ce terme jusqu'à six années, pour s'assurer plus parfaitement de la conduite des jeunes gens, qui dans ces commencemens n'ont pas des occasions fréquentes de se faire connoître, & même pour éloigner par la crainte d'une longue attente, ceux qui ne sont pas véritablement propres à la Profession d'Avocat : mais que pour ne pas rebuter non plus les bons Sujets qui seroient par-là privés trop long-temps de la liberté de faire & signer des Ecritures, ils avoient pensé que ce seroit assez d'exiger d'eux une épreuve de quatre ans. 2°. Que pour justifier de ce temps d'épreuve, on avoit coutume de prendre des certificats des anciens Avocats de chaque banc : mais qu'il paroîtroit plus convenable de remettre le soin de donner ces certificats à un petit nombre d'anciens Avocats choisis par le Bâtonnier, qui rempliroient cette fonction avec plus d'exactitude qu'on ne l'a fait par le passé. 3°. Que jusqu'à présent on n'avoit pas été dans l'usage de s'informer du domicile des Avocats ; qu'il étoit arrivé de-là, que plusieurs dont les noms se trouvoient toujours sur le Tableau, étoient absens une grande partie de l'année, d'autres sans demeure fixe, ou attachés à des Procureurs, ou à d'autres personnes, & engagés dans des Emplois incompatibles avec la Profession d'Avocat ; qu'il étoit par conséquent indispensable d'en venir à la recherche du domicile, tant de ceux qui se trouveront déjà sur le Tableau, que de ceux qui se présenteront pour y être inscrits. 4°. Enfin qu'on avoit toleré depuis quelque temps l'usage d'insérer à la suite du Tableau une liste de ceux qui étoient près d'acquérir les deux ans de temps du Palais, mais qu'il en résultoit plusieurs inconvéniens ; qu'il seroit presqu'inutile de fixer un terme pour le temps d'épreuve, si on laissoit la licence de l'abréger ainsi par une sorte de désignation anticipée, après laquelle les jeunes gens s'imaginent être dispensés de l'assiduité aux Audiences de la Cour & aux autres fonctions du Palais; qu'ils n'avoient rien à ajouter à ce qui venoit d'être proposé par le Bâtonnier des Avocats, si ce n'étoit de requérir qu'il plût à la Cour rendre public le nouveau Réglement, en ordonnant que l'Arrêt qu'elle alloit rendre, fût imprimé à l'avenir, & dès la présente année à la suite du Tableau. Sur quoi la matiere mise en déliberation : LA COUR a ordonné qu'à l'avenir aucun Avocat ne pourra être inscrit sur le Tableau qu'après avoir fréquenté le Barreau pendant quatre années, de laquelle fréquentation l'on sera tenu de rapporter un certificat signé de six Avocats, qui seront indiqués par le Bâtonnier, & qu'après lesdites quatre années, on ne pourra encore être inscrit sur le Tableau, que l'on n'exerce actuellement la Profession d'Avocat, & que l'on n'ait à Paris un domicile certain & connu : Ordonne en outre qu'à l'avenir il n'y aura à la suite du Tableau aucune liste séparée des Avocats fréquentans le Barreau, qui n'ont point encore les quatre années prescrites ; & faisant droit sur le réquisitoire du Procureur Général du Roi, ordonne que le présent Arrêt sera à l'avenir & dès la présente année, imprimé à la suite du Tableau. *Signé*, YSABEAU.

NOMS DES AVOCATS

Par ordre alphabétique, avec des renvois aux pages du Tableau.

F

D

Pelletier,

www.ingramcontent.com/pod-product-compliance
Ingram Content Group UK Ltd.
Pitfield, Milton Keynes, MK11 3LW, UK
UKHW022050170726
13837UKWH00002B/876